200 SONETOS

Livros do autor na Coleção **L&PM** POCKET:

200 sonetos
Os Lusíadas
Sonetos para amar o amor (Org. Sergio Faraco)

LUIS VAZ DE CAMÕES

200 SONETOS

www.lpm.com.br

Coleção **L&PM** POCKET, vol. 109

Texto de acordo com a nova ortografia.

Primeira edição na Coleção **L&PM** POCKET: maio de 1998
Esta reimpressão: abril de 2024

Capa: L&PM Editores sobre detalhe da escultura *Les Gráces,* de Antonio Canova (1757-1822)
Revisão: Flávio Dotti Cesa e Delza Menin

ISBN 978-85-254-0891-4

C185 d   Camões, Luís Vaz de, 1524-1580
            200 Sonetos / Luís Vaz de Camões; – Porto Alegre: L&PM, 2024.
            128 p. ; 18 cm – (Coleção L&PM POCKET)

            1. Ficção portuguesa-poesias. I. Título. II. Série.

                                     CDD 869.1
                                     CDU 869.0-1

Catalogação elaborada por Izabel A. Merlo, CRB 10/329.

© desta edição, L&PM Editores, 1998

Todos os direitos desta edição reservados a L&PM Editores
Rua Comendador Coruja 314, loja 9 – Floresta – 90220-180
Porto Alegre – RS – Brasil / Fone: 51.3225.5777

PEDIDOS & DEPTO. COMERCIAL: vendas@lpm.com.br
FALE CONOSCO: info@lpm.com.br
www.lpm.com.br

Impresso no Brasil
Outono de 2024

Sumário

Um Roteiro para Hollywood / 9

A chaga que, Senhora, me fizeste, / 19
A formosura desta fresca serra / 19
A Morte que da Vida o nó desata / 20
A violeta mais bela que amanhece / 20
Ah! Fortuna cruel! Ah duros Fados! / 21
Ah, inimiga cruel! que apartamento / 21
Ah, minha Dinamene! Assim deixaste / 22
Alma gentil, que à firme Eternidade / 22
Alma minha gentil, que te partiste / 23
Amor é fogo que arde sem se ver; / 23
Amor, com a esperança já perdida / 24
Amor, que o gesto humano na alma escreve, / 24
Apartava-se Nise de Montano, / 25
Apolo e as nove Musas, discantando / 25
Aquela fera humana que enriquece / 26
Aquela que, de pura castidade, / 26
Aquela triste e leda madrugada, / 27
Aqueles claros olhos que chorando / 27
Árvore, cujo pomo, belo e brando, / 28
Bem sei, Amor, que é certo o que receio; / 28
Busque Amor novas artes, novo engenho, / 29
Cá nesta Babilônia, donde mana / 29
Cantando estava um dia bem seguro, / 30
Cara minha inimiga, em cuja mão / 30
Chorai, ninfas, os Fados poderosos / 31
Coitado! Que em um tempo choro e rio; / 31
Com grandes esperanças já cantei, / 32
– Como fizeste, Pórcia, tal ferida? / 32
Como quando do mar tempestuoso / 33

Conversação doméstica afeiçoa, / 33
Criou a Natureza damas belas, / 34
Dai-me uma lei, Senhora, de querer-vos, / 34
De amor escrevo, de amor trato e vivo; / 35
De frescos belvederes rodeadas / 35
De quantas graças tinha, a Natureza / 36
De tão divino acento em voz humana, / 36
De um tão feliz engenho, produzido / 37
De vós me aparto, ó vida, e em tal mudança / 37
Debaixo desta pedra está metido, / 38
Debaixo desta pedra sepultada / 38
Delgadas, claras águas do Mondego, / 39
Depois de tantos dias malgastados, / 39
Depois que quis Amor que eu só passasse / 40
Depois que viu Cibele o corpo humano / 40
Diana prateada, esclarecida / 41
Ditosa pena, como a mão que a guia / 41
Ditosas almas, que ambas juntamente / 42
Ditoso seja aquele que somente / 42
Diversos dons reparte o Céu benigno / 43
Dizei, Senhora, da Beleza ideia: / 43
Doce contentamento já passado / 44
Doce sonho, suave e soberano, / 44
Doces lembranças da passada glória, / 45
Dos Céus desce à Terra a maior Beleza, / 45
Dos ilustres antigos que deixaram / 46
Em flor vos arrancou já tão crescida / 46
Em formosa Leteia se confia, / 47
Em prisões baixas fui um tempo atado, / 47
Em um batel que com doce meneio / 48
Enquanto Febo os montes acendia, / 48
Enquanto quis Fortuna que tivesse / 49
Erros meus, má fortuna, amor ardente / 49
Esforço grande, igual ao pensamento; / 50
Está o lascivo e doce passarinho / 50

Está-se a Primavera trasladando / 51
Este amor que vos tenho, limpo e puro, / 51
Eu cantarei de amor tão docemente, / 52
Eu cantei já, e agora vou chorando / 52
Eu me aparto de vós, ninfas do Tejo, / 53
Ferido sem ter cura parecia / 53
Fiou-se o coração de muito isento / 54
Foi já num tempo doce coisa amar, / 54
Formosa Beatriz, tendes tais jeitos / 55
Formosos olhos, que na idade nossa / 55
Fortuna, em mim guardando seu direito, / 56
Gentil Senhora, se a Fortuna inimiga, / 56
Grão tempo há já que soube da Ventura / 57
Horas breves de meu contentamento, / 57
Ilustre e digno ramo dos Meneses, / 58
Indo o triste pastor todo embebido / 58
Já a saudosa Aurora destoucava / 59
Já claro vejo bem, já bem conheço / 59
Já não sinto, Senhora, os desenganos / 60
Julga-me a gente toda por perdido, / 60
Leda serenidade deleitosa, / 61
Lembranças saudosas, se cuidais / 61
Lembranças, que lembrais o bem passado / 62
Lindo e sutil trançado, que ficaste / 62
Males, que contra mim vos conjurastes, / 63
Memória de meu bem, cortado em flores / 63
Moradoras gentis e delicadas / 64
Mudam-se os tempos, mudam-se as vontades, / 64
Na desesperação já repousava / 65
Na metade do Céu subido ardia / 65
Na ribeira de Eufrates assentado, / 66
Náiades, vós, que os rios habitais / 66
– Não passes, caminhante! – Quem me chama? / 67
Não vás ao monte, Nise, com teu gado, / 67
Nem o tremendo estrépito da guerra, / 68

No mundo poucos anos, e cansados, / 68
No mundo quis o Tempo que se achasse / 69
No tempo que de amor viver soía, / 69
Nos braços de um silvano adormecendo / 70
Num bosque que das ninfas se habitava, / 70
Num jardim adornado de verdura, / 71
Num tão alto lugar, de tanto preço, / 71
Nunca em amor danou o atrevimento; / 72
O céu, a terra, o vento sossegado, / 72
O cisne quando sente ser chegada / 73
O culto divinal se celebrava / 73
O dia em que nasci moura e pereça, / 74
O filho de Latona esclarecido, / 74
O fogo que na branda cera ardia, / 75
O raio cristalino se estendia / 75
O tempo acaba o ano, o mês e a hora, / 76
Oh! como se me alonga de ano em ano / 76
Oh! quão caro me custa o entender-te, / 77
Olhos formosos, em quem quis Natura / 77
Ondados fios de ouro reluzente, / 78
Onde acharei lugar tão apartado / 78
Os olhos onde o casto Amor ardia, / 79
Os reinos e os impérios poderosos / 79
Os vestidos Elisa revolvia / 80
Passo por meus trabalhos tão isento / 80
Pede o desejo, Dama, que vos veja. / 81
Pelos extremos raros que mostrou / 81
Pensamentos, que agora novamente / 82
Pois meus olhos não cansam de chorar / 82
Por cima destas águas, forte e firme, / 83
Por que quereis, Senhora, que ofereça / 83
Posto me tem Fortuna em tal estado, / 84
Presença bela, angélica figura, / 84
Qual tem a borboleta por costume, / 85
Quando a suprema dor muito me aperta, / 85

Quando cuido no tempo que contente / 86
Quando da bela vista e doce riso / 86
Quando de minhas mágoas a comprida / 87
Quando o sol encoberto vai mostrando / 87
Quando os olhos emprego no passado, / 88
Quando se vir com água o fogo arder, / 88
Quando vejo que meu destino ordena / 89
Quando, Senhora, quis Amor que amasse / 89
Quanta incerta esperança, quanto engano! / 90
Quantas vezes do fuso se esquecia / 90
– Que esperais, esperança? – Desespero. / 91
– Que levas, cruel Morte? – Um claro dia. / 91
Que me quereis, perpétuas saudades? / 92
Que modo tão sutil da Natureza, / 92
Que poderei do mundo já querer, / 93
Que vençais no Oriente tantos reis, / 93
Quem diz que Amor é falso ou enganoso, / 94
Quem fosse acompanhando juntamente / 94
Quem jaz no grão sepulcro, que descreve / 95
Quem pode livre ser, gentil Senhora, / 95
Quem presumir, Senhora, de louvar-vos / 96
Quem puder julgar de vós, Senhora, / 96
Quem quiser ver do amor uma excelência / 97
Quem vê, Senhora, claro e manifesto / 97
Quem vos levou de mim, saudoso estado, / 98
Se a Fortuna inquieta e mal olhada, / 98
Se a ninguém tratais com desamor, / 99
Se as penas com que Amor tão mal me trata / 99
Se com desprezos, Ninfa, te parece / 100
Se de vosso formoso e lindo gesto / 100
Se em mim, ó Alma, vive mais lembrança / 101
Se me vem tanta glória só de olhar-te, / 101
Se pena por amar-vos se merece, / 102
Se quando vos perdi, minha esperança, / 102
Se tanta pena tenho merecida / 103

Se tomar minha pena em penitência / 103
Se, depois de esperança tão perdida, / 104
Seguia aquele fogo, que o guiava, / 104
Sempre a Razão vencida foi de Amor; / 105
Sempre, cruel Senhora, receei, / 105
Senhor João Lopes, o meu baixo estado / 106
Senhora já desta alma, perdoai / 106
Senhora minha, se de pura inveja / 107
Sentindo-se alcançada a bela esposa / 107
Suspiros inflamados, que cantais / 108
Sustenta meu viver uma esperança / 108
Tal mostra dá de si vossa figura, / 109
Tanto de meu estado me acho incerto, / 109
Tempo é já que minha confiança / 110
Todas as almas tristes se mostravam / 110
Todo o animal da calma repousava, / 111
Tomava Daliana por vingança / 111
Tomou-me vossa vista soberana /112
Tornai essa brancura à alva açucena, / 112
Transforma-se o amador na coisa amada, / 113
Transunto sou, Senhora, neste engano. / 113
Um firme coração posto em ventura; / 114
Um mover de olhos, brando e piedoso, / 114
Uma admirável erva se conhece / 115
Vencido está de amor meu pensamento, / 115
Verdade, Amor, Razão, Merecimento / 116
Vós outros que buscais repouso certo / 116
Vós que escutais em rimas derramado / 117
Vós que, de olhos suaves e serenos, / 117
Vós, ninfas da gangética espessura, / 118
Vossos olhos, Senhora, que competem / 118

Um Roteiro para Hollywood

As crises da indústria americana de cinema – muito efeito e pouca substância – encontrariam bom remédio na vida de Luís Vaz de Camões. Para entendermos a obra dele, faz-se necessário sabermos quem foi Camões.

Mas essa tarefa não é simples.

Para Antônio José Saraiva e Oscar Lopes, em *História da Literatura Portuguesa,* teria nascido em 1524 ou 1525. Quanto à morte, a data é mais precisa: 10 de junho de 1580. Data certa, morte incerta. A mística dos ídolos do passado gosta de ressaltar a tragédia. Ídolos trágicos são parte da imaginação popular. Uma das versões do fim relata que morreu na mais absoluta miséria, enterrado de favor e por piedade por entidade beneficente.

O espírito inquieto nos remete a Lisboa, onde teria nascido (mas se fala também em Coimbra – cá ou lá, por qualquer lugar entre uma e outra, certo é que o homem foi parido). Jovem, envolve-se em brigas noturnas, entre bandos e, claro, afoga os arroubos juvenis em regaços de prostitutas.

Quis o espírito que fosse viajante. Seguiu ao Marrocos, onde perdeu em combate o famoso olho. Em 1552, fere um funcionário do

Paço e vai preso por alguns meses. Solto em 53, segue para a Índia.

Na costa da Conchinchina, a embarcação em que viaja naufraga, matando sua companheira chinesa, Dinamene. Salva a si e aos manuscritos de *Os Lusíadas* nadando até alcançar o rio Mekong. Em Goa, é novamente preso, agora por dívidas.

Voltou à Metrópole em 1569. Em 72, consegue publicar sua obra mais famosa, o que lhe rende algum dinheiro.

Essa vida atribulada foi contribuição fundamental para a construção poética do desafortunado escritor.

> Tudo passei; mas tenho tão presente
> A grande dor das coisas que passaram.
> (...)

A vida de Camões seria Oscar na certa.

Contudo, sua poesia tem os prêmios que merece. Várias foram as personalidades do mundo intelectual a se enclinarem diante de Luís Vaz de Camões. Observemos o que diz José Lino Grünewald, em *Luís de Camões – Lírica*:

"Quanto a esse poema épico (*Os Lusíadas*), basta recordar as manifestações de personalidades como Voltaire, no seu *Ensaio sobre a poesia épica*, Montesquieu, no *Espírito das leis*, Chateaubriand, em *O Gênio do cristianismo*, Madame de Staël, na *Biografia de Michaud*, Schlegel, na *História da literatura antiga e moderna*, Humboldt, em *os Cosmos* (...)"

E segue a relação. Sem dúvida, percebe-se a importância de sua obra. Portanto, vamos a ela.

Dois poemas num só

Uma boa forma de analisarmos a obra camoniana é observando a bipartição tão característica em sua poesia. Parece que tudo em Camões é duplo. Comecemos pela classificação de seu trabalho em épico e em lírico. Ao falarmos no poeta português, inevitavelmente, lembraremos *Os Lusíadas* – poema de aventuras do povo luso. Em função disso, a lírica se resguarda para uma situação inferior, sem a mesma importância. E aqui se comete grave engano, já que nesse estilo encontramos um poeta de grande envergadura e talento. Essa injustiça não é única na literatura mundial, pois estão aí a comprovar as crônicas de Machado de Assis, escurecidas pela importância de seus romances; as também crônicas de Drummond, ofuscadas pela grandeza de seu trabalho em versos.

Surge, então, essa primeira dualidade, duplicidade em Camões – dois poetas num só – o épico, com as narrativas heroicas do povo português, e o lírico, com os estados da alma. Como a lírica nos importa em especial nesse livro, vamo-nos deter nela e buscar orientar o leitor na tarefa de viajar pelo Eu camoniano.

A Métrica e o Ritmo da Lírica

Comecemos pela técnica. Um poeta deve buscar a forma de seus versos que mais possa render ao conteúdo, à mensagem – essência mesma da poesia. Camões, antes de mais nada, mostra grande habilidade na arte de versificar.

Pôs a técnica do verso a serviço do talento.

Assim, na métrica, há versos longos, favorecendo a complexidade do pensamento, há outros, curtos, próprios à síntese, ao jogo mais leve de linguagem. Nosso autor se vale de dois tipos básicos; a medida velha e a nova.

Sim, Camões mais uma vez revela sua duplicidade. Na medida velha, temos as redondilhas (redondilhas maiores com sete sílabas poéticas; menores com cinco sílabas poéticas); na nova, os decassílabos, tão característicos nesse autor, que se transformaram em *decassílabos camonianos*.

Serviu-se dessa métrica em busca do rendimento, em busca do ritmo certo ao seu fazer poético. Isso torna-se mais simples de compreender por meio de outros exemplos, basta analisarmos a preferência do Modernismo ao verso livre, perfeito para o rompimento total com as estruturas formais do Parnasianismo. Temos, desse modo, na redondilha camoniana, o estilo leve, preferindo a temática popular medieval, as cantigas de amor e de amigo do Cancioneiro Geral.

Há, de outro modo, os decassílabos, com ritmo longo, intenso, denso, novidade trazida do Renascimento italiano por Sá de Miranda. Aqui, a temática justa e ajustada leva-nos à reflexão mais profunda da questão humana e do amor.

E, apenas para continuarmos na dupla identidade poética de Camões, encontramos seus trabalhos escritos em Português e em Castelhano.

Os Sonetos e os Antagonismos do Amor Camoniano

Os sonetos (poemas escrito com duas quadras e dois tercetos, perfazendo quatro estrofes) merecem especial destaque na obra do vate português. A riqueza temática desses poemas traz reflexões complexas ao lado de simples narrativas. A brevidade do soneto favorece a capacidade de síntese com grande concentração emocional. Preso a uma estrutura rígida, o poeta se revela um engenheiro meticuloso, em que cada combinação está ajustada em espaço acertado – verdadeiro quebra-cabeça. (Não é à toa que o Parnasianismo, escola da forma, do detalhe, vá preferir esse tipo de poema.)

Não se trata da métrica pela métrica, mas sim da construção do verso a serviço da poesia – característica dos grandes.

Esses sonetos camonianos abusarão do paradoxo, do oxímoron (figura de linguagem que consiste em mostrar os opostos), dando potente concentração emocional e forte capacidade de síntese:

Amor é fogo que arde sem se ver,
É ferida que dói e não se sente,
É um contentamento descontente,
É dor que desatina sem doer;

E já que o assunto é o amor, temos novamente a bipartição camoniana. Bipartição essa abençoada pelo rendimento poético: o amor presente, carnal, físico e o amor distante, platônico. A presença física do "fogo que arde" em oposição à ausência do "sem se ver"; a carne ferida, mas "não se sente".

Para entendermos o amor do autor, é fundamental observarmos esse conflito. Há, de uma parte, o amor idealizado: mulher amada é um ser sobrenatural, capaz de, pela sua simples presença, alterar os fenômenos da natureza. De outro modo, o amor carnal ficou bem registrado, especialmente no episódio *Ilha dos Amores*, de *Os Lusíadas*. Essa dualidade, vale registrar, está presente em toda obra, tanto na épica quanto na lírica.

A parte idealizada do amor e da amada remete ao futuro, ao Romantismo. No entanto, há outros aspectos na lírica de Camões característicos dessa escola literária. O individualismo, o inconformismo, encontráveis em algumas canções e sonetos, apontam outras características da escola Romântica.

Talvez por esses prenúncios de estilos, por interpenetrações de escolas literárias e de fazeres poéticos, possamos encontrar o poeta total, aquele que é capaz de descrever todos os esconderijos da alma.

Se o amor é gerado por esse grande conflito, o desconcerto do mundo revela-se como outro tema recorrente. O sonho e a realidade trazem mais uma fonte de dor à alma do artista. O ideal de vida recebe o impacto da realidade. Nessa medida, o destino se mostra implacável – a exemplo das tragédias gregas. Há, em tudo e por tudo, o acaso aguardando-nos ao final, como a desmanchar os sonhos mais simples. E o amor, a última salvação, também sofre desse desconcerto. Os desencontros doloridos trazem, em seu espírito, os ventos do Barroco.

Bom exemplo é o soneto escrito em decassílabos, lembrando a amada morta:

> Torna a fugir-me. E eu gritando: Dina
> Antes que diga: *mene*, acordo, e vejo
> Que nem um breve engano posso ter.

O trágico, a desventura, que em tantos momentos agiu sobre a vida do poeta, estão sempre presentes em seus versos, prontos para romper a felicidade, o amor. O destino se apresenta como encarregado de armar os desencontros.

O poeta expressa a dor da perda da amada e suplica a Deus que o leve ao encontro dela.

> Alma minha gentil, que te partiste
> Tão cedo desta vida, descontente,
> Repousa lá no Céu eternamente
> E viva eu cá na terra sempre triste.

(...)
Roga a Deus, que teus anos encurtou,
Que tão cedo de cá me leve a ver-te,
Quão cedo de meus olhos te levou.

O destino trágico e a morte, antes vilãs, tornam-se, ao fim, solução para o amor que está acima da própria morte.

A complexidade da equação do amor carnal versus o platônico oferece atualidade à poesia camoniana. Diante do físico e do espírito, vive o homem de hoje, buscando uma conciliação – quem sabe impossível. O real, e sua massa cinzenta de verdades cotidianas, e o espiritual, o místico, o insondável diante do desconhecido, da existência de verdades além das explicáveis, constituem a essência do homem chegado ao ano dois mil.

Pois Camões, em outros tempos, já encontrava essa complexidade, que, além de conferir atualidade ao seu texto, enriquece o fazer poético.

Para Camões, o desejo não é abandonado, a condição humana não é deixada de lado. Deve-se superá-lo sem abdicá-lo. Significa dizer que, por mais espirituais que sejamos, a carne é nossa condição humana. Abandoná-la por completo se revela impossível. A questão central é, afinal, saber quais os limites carnais diante da alma; é saber até onde o espírito permite avançar a carne, o desejo.

O desconcerto com o mundo, portanto, é, em boa medida, o desconcerto com o amor e com o destino. De outro modo, em separado e distante das questões entre homem e mulher, o destino, tratado pelo autor como Fortuna (assim mesmo, com maiúscula) pode ser analisado pela injustiça entre valores pessoais, objetivos e o destino inevitável da tragédia grega. São os anseios e as necessidades do homem diante de sua limitação, ou diante da limitação do destino, que, ao que parece, escolhe outros para a ventura.

O poema *Sôbolos Rios* (sobre os rios), considerado, segundo José Lino Grünewald, como o maior poema de Língua Portuguesa (365 versos), mostra-se como síntese do fazer poético camoniano, ressaltando as injustiças do destino, premiando os maus e rebaixando os melhores.

A injustiça se prestaria, indiscutivelmente, à sátira. O indivíduo incompreendido pelos seus contemporâneos poderia ser obra para a graça. Que melhor vingança da sociedade do que a sátira? Basta olharmos o exemplo próximo de nosso Boca do Inferno.

No entanto, não foi essa a trajetória de Camões, à exceção de um ou outro poema (caso de *Os Dispares da Índia*). Em verdade, a questão do nosso autor não é a injustiça social, mas sim a não correspondência entre os anseios, desejos, metas e a prática objetiva de concebê-los. A frustração, ao cabo, não se declina sobre um governo constituído, sobre um governante incompetente, não. Ela resulta do desarranjo do destino, de entidades vagas e subjetivas como Mudança, Tempo, Fortuna, Acaso e outros substantivos tratados com maiúsculas.

A fuga para a vida bucólica soluciona o conflito. Trata-se de um retiro total, com leituras prediletas levadas em baú de viagem. Mas não é exatamente isso o que fazemos, homens modernos?

Eis, então, Luís Vaz de Camões a explicar seu mundo. Singular representante que foi das complexidades do homem do século XVI. Chega até nós quente feito pão novo, com surpresas escondidas por sob a massa – massa que até hoje nos cerca e comprime.

Ricardo Russo
Professor do Universitário

A chaga que, Senhora, me fizeste,
Não foi para curar-se em um só dia;
Porque crescendo vai com tal porfia,
Que bem descobre o intento que tivestes.

De causar tanta dor não vos doestes?
Mas, a doer-vos, dor me não seria,
Pois já com esperança me veria
Do que vós, que em mim visse, não quisestes.

Os olhos com que todo me roubastes
Foram causa do mal que vou passando;
E vós estais fingindo o não causastes.

Mas eu me vingarei. E sabeis quando?
Quando vos vir queixar porque deixastes
Ir-se a minha alma neles abrasando.

A formosura desta fresca serra
E a sombra dos verdes castanheiros,
O manso caminhar destes ribeiros,
Donde toda a tristeza se desterra;

O rouco som do mar, a estranha terra,
O esconder do sol pelos outeiros
O recolher dos gados derradeiros,
Das nuvens pelo ar a branda guerra;

Enfim, tudo o que a rara Natureza
Com tantas variedades nos oferece,
Me está, se não te vejo, magoando.

Sem ti, tudo me enoja e me aborrece;
Sem ti, perpetuamente estou passando
Nas maiores alegrias maior tristeza.

A Morte que da Vida o nó desata
Os nós que dá o Amor cortar quisera
Com a ausência, que é contra ele espada fera.
E com o tempo, que tudo desbarata.

Duas contrárias, que uma a outra mata,
A Morte contra o Amor ajunta e altera:
Uma é Razão contra a Fortuna austera;
Outra, contra a Razão, Fortuna ingrata.

Mas mostre a sua imperial potência
A Morte, em apartar de um corpo a alma,
Duas num corpo o Amor ajunte e una;

Por que assim leve triunfante a palma
Amor da Morte, apesar da ausência,
Do tempo, da Razão e da Fortuna.

A violeta mais bela que amanhece
No vale, por esmalte da verdura,
Com seu pálido lustre e formosura,
Por mais bela, Violante, te obedece.

Perguntas-me por quê? Porque aparece
Em ti seu nome e sua cor mais pura;
E estudar em teu rosto só procura
Tudo quanto em beldade mais floresce.

Oh luminosa flor, oh Sol mais claro,
Único roubador de meu sentido,
Não permitas que Amor me seja avaro!

Oh penetrante seta de Cupido,
Que queres? Que te peça, por reparo,
Ser, neste vale, Eneias desta Dido?

Ah! Fortuna cruel! Ah duros Fados!
Quão asinha em meu dano vos mudastes!
Passou o tempo que me descansastes,
E agora descansais com os meus cuidados.

Deixastes-me sentir os bens passados,
Para maior dor da dor que me ordenastes;
Então numa hora juntos mos levastes,
Deixando em seu lugar males dobrados.

Ah! Quanto melhor fora não vos ver,
Gostos que assim passais tão de corrida
Que fico duvidoso se vos vi!

Sem vós já me não fica que perder,
Se não se for esta cansada vida,
Que por maior perda minha, não perdi!

———

Ah, inimiga cruel! que apartamento
É este que fazeis da pátria terra?
Quem do paterno ninho vos desterra,
Glória dos olhos, bem do pensamento?

Is tentar da Fortuna o movimento
E dos ventos cruéis a dura guerra?
Ver brenhas de água e o mar feito em serra,
Levantado de um vento e de outro vento?

Mas, já que vós partis sem vos partirdes,
Parta convosco o Céu tanta ventura,
Que seja maior que aquela que esperardes.

E só nesta verdade ide segura:
Que ficam mais saudades com partirdes,
Do que breves desejos de chegardes.

Ah, minha Dinamene! Assim deixaste
Quem nunca deixar pôde de querer-te!
Que já, ninfa gentil, não possa ver-te!
Que tão veloz a vida desprezaste!

Como por tempo eterno te apartaste
De quem tão longe andava de perder-te!
Puderam essas águas defender-te
Que não visses quem tanto magoaste?

Nem somente falar-te a dura morte
Me deixou, que apressada o negro manto
Lançar sobre os teus olhos consentiste...

Oh, mar! Oh, céu! Oh, minha escura sorte!
Qual vida perderei que valha tanto,
Se inda tenho por pouco o viver triste?

———

Alma gentil, que à firme Eternidade
Subsiste clara e valorosamente
Cá durará de ti perpetuamente
A fama, a glória, o nome e a saudade.

Não sei se é maior espanto em tal idade
Deixar de teu valor inveja à gente,
Se um peito de diamante ou de serpente
Fazeres que se mova a piedade.

Invejosas da tua acho mil sortes,
E a minha mais que todas invejosa,
Pois ao teu mal o meu tanto igualaste.

Oh! ditoso morrer! sorte ditosa!
Pois o que não se alcança com mil sortes,
Tu com uma só morte o alcançaste!

Alma minha gentil, que te partiste
Tão cedo desta vida, descontente,
Repousa lá no Céu eternamente
E viva eu cá na Terra sempre triste.

Se lá no assento etéreo, onde subiste,
Memória desta vida se consente,
Não te esqueças daquele amor ardente,
Que já nos olhos meus tão puro viste.

E se vires que pode merecer-te
Alguma coisa a dor que me ficou
Da mágoa, sem remédio, de perder-te,

Roga a Deus, que teus anos encurtou,
Que tão cedo de cá me leve a ver-te,
Quão cedo de meus olhos te levou.

———

Amor é fogo que arde sem se ver;
É ferida que dói e não se sente;
É um contentamento descontente;
É dor que desatina sem doer;

É um não querer mais que bem querer;
É solitário andar por entre a gente;
É nunca contentar-se de contente;
É cuidar que se ganha em se perder;

É querer estar preso por vontade;
É servir a quem vence, o vencedor;
É ter com quem nos mata lealdade.

Mas como causar pode seu favor
Nos corações humanos amizade,
Se tão contrário a si é mesmo Amor?

Amor, com a esperança já perdida
Teu soberano templo visitei;
Por sinal do naufrágio que passei,
Em lugar dos vestidos, pus a vida.

Que mais queres de mim, pois destruída
Me tens a glória toda que alcancei?
Não cuides de render-me, que não sei
Tornar a entrar-me onde não há saída.

Vês aqui a vida, e a alma, e a esperança,
Doces despojos de um bem passado,
Enquanto o quis aquela que eu adoro.

Neles podes tomar de mim vingança;
E se te queres inda mais vingado,
Contenta-te com as lágrimas que choro.

Amor, que o gesto humano na alma escreve,
Vivas faíscas me mostrou um dia,
Donde um puro cristal se derretia
Por entre vivas rosas e alva neve.

A vista, que em si mesma não se atreve,
Por se certificar do que ali via,
Foi convertida em fonte, que fazia
A dor ao sofrimento doce e leve.

Jura Amor que brandura de vontade
Causa o primeiro efeito; o pensamento
Endoidece, se cuida que é verdade.

Olhai como Amor gera, num momento,
De lágrimas de honesta piedade,
Lágrimas de imortal contentamento.

Apartava-se Nise de Montano,
Em cuja alma, partindo-se, ficava;
Que o pastor na memória a debuxava,
Por poder sustentar-se deste engano.

Pelas praias do Índico Oceano
Sobre o curvo cajado se encostava,
E os olhos pelas águas alongava,
Que poucos se doíam de seu dano.

– "Pois com tamanha mágoa e saudade",
"Dizia, quis deixar-me a que eu adoro,
Por testemunhas tomo céu e estrelas.

Mas se em vós, ondas, mora piedade,
Levai também as lágrimas que choro,
Pois assim me levais a causa delas".

———

Apolo e as nove Musas, discantando
Com a dourada lira, me influíam
Na suave harmonia que faziam,
Quando tomei a pena, começando:

"Ditoso seja o dia e hora, quando
Tão delicados olhos me feriam!
Ditosos os sentimentos que sentiam
Estar-se em seu desejo traspassando!"

Assim cantava, quando Amor virou
A roda à esperança, que corria
Tão ligeira que quase era invisível.

Converteu-se-me em noite o claro dia;
E, se alguma esperança me ficou,
Será de maior mal, se for possível.

Aquela fera humana que enriquece
A Sua presunçosa tirania
Destas minhas entranhas, onde cria
Amor um mal, que falta quando cresce;

Se nela o Céu mostrou (como parece)
Quando mostrar ao mundo pretendia,
Por que de minha vida se injuria?
Por que de minha morte se enobrece?

Ora, enfim, sublimai vossa vitória,
Senhora, com vencer-me e cativar-me;
Fazei dela no mundo larga história.

Que, por mais que vos veja maltratar-me,
Já me fico logrando desta glória
De ver que tendes tanta de matar-me.

―――――

Aquela que, de pura castidade,
De si mesma tomou cruel vingança,
Por uma breve e súbita mudança,
Contrária à sua honra e qualidade;

Venceu à formosura a honestidade,
Venceu no fim da vida a esperança,
Porque ficasse viva tal lembrança,
Tal amor, tanta fé, tanta verdade.

De si, da gente e do mundo esquecida,
Feriu com duro ferro o brando peito,
Banhando em sangue a força do tirano.

Estranha ousadia! estranho feito!
Que, dando morte breve ao corpo humano,
Tenha sua memória larga vida!

Aquela triste e leda madrugada,
Cheia toda de mágoa e de piedade,
Enquanto houver no mundo saudade
Quero que seja sempre celebrada.

Ela só, quando amena e marchetada
Saía, dando ao Mundo claridade,
Viu apartar-se de uma outra vontade,
Que nunca poderá ver-se apartada.

Ela só viu as lágrimas em fio,
Que de uns e de outros olhos derivadas,
Se acrescentaram em grande e largo rio.

Ela ouviu as palavras magoadas
Que puderam tornar o fogo frio
E dar descanso às almas condenadas.

———

Aqueles claros olhos que chorando
Ficavam, quando deles me partia,
Agora que farão? Quem mo diria?
Porventura estarão em mim cuidando?

Se terão na memória, como ou quando
Deles me vim tão longe de alegria?
Ou se estarão aquele alegre dia
Que torne a vê-los, na alma figurando?

Se contarão as horas e os momentos?
Se acharão num momento muitos anos?
Se falarão com as aves e com os ventos?

Oh! bem-aventurados fingimentos,
Que nesta ausência tão doces enganos
Sabeis fazer aos tristes pensamentos!

Árvore, cujo pomo, belo e brando,
Natureza de leite e sangue pinta,
Onde a pureza, de vergonha tinta,
Está virgíneas faces imitando;

Nunca do vento a ira, que arrancando
Os troncos vão, o teu injúria sinta;
Nem por malícia de ar te seja extinta
A cor que está teu fruto debuxando,

Que pois me emprestas doce e idôneo abrigo
A meu contentamento, e favoreces
Com teu suave cheiro minha glória,

Se não te celebrar como mereces,
Cantando-te, sequer farei contigo
Doce, nos casos tristes, a memória.

Bem sei, Amor, que é certo o que receio;
Mas tu, porque com isso mais te apuras,
De manhoso me negas e me juras
No teu dourado arco; e eu te creio.

A mão tenho metida no meu seio
E não vejo os meus danos, às escuras;
Porém perfias tanto e me asseguras,
Que me digo que minto e que me enleio.

Não somente consinto neste engano,
Mas inda to agradeço, e a mim me nego
Tudo o que vejo e sinto de meu dano.

Oh! poderoso mal a que me entrego!
Que, no meio do justo desengano,
Me possa inda cegar um moço cego!

Busque Amor novas artes, novo engenho,
Para matar-me, e novas esquivanças;
Que não pode tirar-me as esperanças,
Que mal me tirará o que eu não tenho.

Olhai de que esperanças me mantenho!
Vede que perigosas seguranças!
Que não temo contrastes nem mudanças,
Andando em bravo mar, perdido o lenho.

Mas, conquanto não pode haver desgosto
Onde esperança falta, lá me esconde
Amor um mal, que mata e não se vê;

Que dias há que na alma me tem posto
Um não sei quê, que nasce não sei onde,
Vem não sei como, e dói não sei por quê.

Cá nesta Babilônia, donde mana
Matéria a quanto mal o mundo cria,
Cá onde o puro Amor não tem valia,
Que a Mãe, que manda mais, tudo profana;

Cá, onde o mal se afina e o bem se dana,
E pode mais que a honra a tirania;
Cá, onde a errada e cega Monarquia
Cuida que um nome vão a Deus engana;

Cá neste labirinto, onde a nobreza,
Com esforço e saber pedindo vão
Às portas da cobiça e da vileza;

Cá neste escuro caos de confusão,
Cumprindo o curso estou da Natureza.
Vê se me esquecerei de ti, Sião!

Cantando estava um dia bem seguro,
Quando, passando, Sílvio me dizia
(Sílvio, pastor antigo, que sabia
Por o canto das aves o futuro):

– Méris, quando quiser o Fado escuro,
A oprimir-te virão em um só dia
Dois lobos; logo a voz e a melodia
Te fugirão, e o som suave e puro.

Bem foi assim; porque um me degolou
Quanto gado vacum pastava e tinha,
De que grandes soldadas esperava;

E outro, por meu dano, me matou
A cordeira gentil que eu tanto amava,
Perpétua saudade da alma minha!

———

Cara minha inimiga, em cuja mão
Pôs meus contentamentos a ventura,
Faltou-te a ti na terra sepultura,
Por que me falte a mim consolação.

Eternamente as águas lograrão
A tua peregrina formosura;
Mas, enquanto me a mim a vida dura,
Sempre viva em minha alma te acharão.

E, se os meus rudes versos podem tanto
Que possam prometer-te longa história
Daquele amor tão puro e verdadeiro,

Celebrada serás sempre em meu canto;
Porque, enquanto no mundo houver memória,
Será minha escritura teu letreiro.

Chorai, ninfas, os Fados poderosos
Daquela soberana formosura!
Onde foram parar – na sepultura! –
Aqueles reais olhos graciosos!

Ó bens do mundo, falsos e enganosos!
Que mágoas para ouvir! Que tal figura
Jaza sem resplendor na terra dura,
Com tal rosto e cabelos tão formosos!

Das outras que será, pois poder teve
A morte sobre coisa tanto bela
Que ela eclipsava a luz do claro dia?

Mas o mundo não era digno dela,
Por isso mais na terra não esteve;
Ao Céu subiu, que já se lhe devia.

Coitado! Que em um tempo choro e rio;
Espero e temo, quero e aborreço;
Juntamente me alegro e me entristeço;
Confio de uma causa e desconfio;

Voo sem asas; estou cego e guio;
Alcanço menos no que mais mereço;
Então falo melhor, quando emudeço;
Sem ter contradição sempre porfio;

Possível se me faz todo o impossível;
Intento, com mudar-me, estar-me quedo;
Usar de liberdade e ser cativo;

Queria visto ser, ser invisível;
Ver-me desenredado, amando o enredo;
Tais os extremos são com que hoje vivo!

Com grandes esperanças já cantei,
Com que os deuses no Olimpo conquistara;
Depois vim a chorar porque cantara
E agora choro já, porque chorei.

Se cuido nas passadas que já dei,
Custa-me esta lembrança só tão cara,
Que a dor de ver as mágoas que passara,
Tenho pela maior mágoa que passei.

Pois logo, se está claro que um tormento
Dá causa que outro na alma se acrescente,
Já nunca posso ter contentamento.

Mas esta fantasia se me mente?
Oh! ocioso e cego pensamento!
Ainda eu imagino em ser contente?

―――

― Como fizeste, Pórcia, tal ferida?
Foi voluntária, ou foi por inocência?
― E que Amor fazer só quis experiência
Se podia sofrer tirar-me a vida.

― E com teu próprio sangue te convida
A não pores à vida resistência?
― Ando-me acostumando à paciência,
Por que o temor a morte não impida.

― Pois por que comes logo fogo ardente,
Se a ferro te costumas? ― Porque ordena
Amor que morra e pene juntamente.

― E tens a dor do ferro por pequena?
― Sim, que a cor costumada não se sente,
E eu não quero a morte sem a pena.

Como quando do mar tempestuoso
O marinheiro, lasso e trabalhado,
De um naufrágio cruel já salvo a nado,
Só o ouvir falar nele o faz medroso;

E jura que em que veja bonançoso
O violento mar, e sossegado,
Não entra nele mais, mas vai forçado
Pelo muito interesse cobiçoso;

Assim, Senhora, eu, que da tormenta
De vossa vista fujo, por salvar-me,
Jurando de não mais em outra ver-me;

Minha alma, que de vós nunca se ausenta,
Dá-me por preço ver-vos, faz tornar-me
Donde fugi tão perto de perder-me.

———

Conversação doméstica afeiçoa,
Ora em forma de boa e sã vontade,
Ora de uma amorosa piedade,
Sem olhar qualidade de pessoa.

Se depois, porventura, vos magoa
Com desamor e pouca lealdade,
Logo vos faz mentira da verdade
O brando Amor, que tudo em si perdoa.

Não são isto que falo conjeturas,
Que o pensamento julga na aparência,
Por fazer delicadas escrituras.

Metida tenho a mão na consciência,
E não falo senão verdades puras
Que me ensinou a viva experiência.

Criou a Natureza damas belas,
Que foram de altos plectros celebradas;
Delas tomou as partes mais prezadas,
E a vós, Senhora, fez do melhor delas.

Elas, diante vós, são as estrelas,
Que ficam, com vos ver, logo eclipsadas.
Mas, se elas têm por Sol essas rosadas
Luzes de Sol maior, felizes elas!

Em perfeição, em graça e gentileza,
Por um modo entre humanos peregrino,
A todo belo excede essa beleza.

Oh! quem tivera partes de divino
Para vos merecer! Mas se pureza
De amor vale ante vós, de vós sou digno.

———

Dai-me uma lei, Senhora, de querer-vos,
Que a guarde, sob pena de enojar-vos;
Que a fé que me obriga a tanto amar-vos
Fará que fique em lei de obedecer-vos.

Tudo me defendei, senão só ver-vos
E dentro na minha alma contemplar-vos;
Que, se assim não chegar a contentar-vos,
Ao menos que não chegue a aborrecer-vos.

E, se essa condição cruel e esquiva
Que me deis lei de vida não consente,
Dai-ma, Senhora, já, seja de morte.

Se nem essa me dais, é bem que viva,
Sem saber como vivo, tristemente,
Mas contente porém de minha sorte.

De amor escrevo, de amor trato e vivo;
De amor me nasce amar sem ser amado;
De tudo se descuida o meu cuidado,
Quanto não seja ser de amor cativo;

De amor que a lugar alto voe altivo,
E funde a glória sua em ser ousado;
Que se veja melhor purificado
No imenso resplendor de um raio esquivo.

Mas ai que tanto amor só pena alcança!
Mais constante ela, e ele mais constante,
De seu triunfo cada qual só trata.

Nada, enfim, me aproveita; que a esperança,
Se anima alguma vez a um triste amante,
Ao perto vivifica, ao longe mata.

———

De frescos belvederes rodeadas
Estão as puras águas desta fonte;
Formosas ninfas lhes estão defronte;
A vencer e a matar acostumadas.

Andam contra Cupido levantadas
As suas graças, que não há quem conte;
Doutro vale esquecidas, doutro monte,
A vida passam neste sossegadas.

O seu poder juntou, sua valia,
Amor, já não sofrendo este desprezo,
Somente por se ver delas vingado;

Mas, vendo-as, entendeu que não podia
De ser morto livrar-se, ou de ser preso
– E ficou-se com elas desarmado.

De quantas graças tinha, a Natureza
Fez um belo e riquíssimo tesouro,
E com rubis e rosas, neve e ouro,
Formou sublime e angélica beleza.

Pôs na boca os rubis, e na pureza
Do belo rosto as rosas, por quem mouro;
No cabelo o valor do metal louro:
No peito a neve em que a alma tenho acesa.

Mas nos olhos mostrou quanto podia,
E fez deles um sol, onde se apura
A luz mais clara a do claro dia.

Enfim, Senhora, em vossa compostura
Ela a apurar chegou quanto sabia
De ouro, rosas, rubis, neve e luz pura.

―――

De tão divino acento em voz humana,
De tão doces palavras peregrinas,
Bem sei que minhas obras não são dignas
Que o rude engenho meu me desengana.

Mas de vossos escritos corre e mana
Licor que vence as águas cabalinas;
E convosco do Tejo as flores finas
Farão inveja à cópia mantuana,

E pois a vós de si não sendo avaras,
As filhas de Mnemósine formosa
Partes dadas vos têm, ao Mundo caras,

A minha Musa e a vossa tão famosa,
Ambas posso chamar no Mundo raras:
A vossa de alta, a minha de invejosa.

De um tão feliz engenho, produzido
De outro, que o claro Sol não viu maior,
É trazer coisas altas no sentido,
Todas dignas de espanto e de louvor.

Museu foi antiquíssimo escritor,
Filósofo e poeta conhecido,
Discípulo do músico amador
Que com som teve o Inferno suspendido.

Este pode abalar o monte mudo,
Cantando aquele mal, que eu já passei,
Do mancebo de Abido mal sisudo.

Agora contam já, segundo achei,
Tasso, e o nosso Boscão, que disse tudo
Dos segredos que move o cego Rei.

———

De vós me aparto, ó vida, e em tal mudança
Sinto vivo da morte o sentimento.
Não sei para que é ter contentamento,
Se mais há de perder quem mais alcança.

Mas dou-vos esta firme segurança:
Que posto que me mate o meu tormento,
Pelas águas do eterno esquecimento
Segura passará minha lembrança.

Antes sem vós meus olhos se entristeçam,
Que com qualquer coisa outra se contentem;
Antes os esqueçais, que vos esqueçam;

Antes nesta lembrança se atormentem
Que com esquecimento desmereçam
A glória que em sofrer tal pena sentem.

Debaixo desta pedra está metido,
Das sanguinosas armas descansado,
O capitão ilustre, assinalado,
Dom Fernando de Castro esclarecido.

Por todo o Oriente tão temido,
E da inveja da Fama tão cantado,
Este, pois, só agora sepultado
Está já aqui em terra convertido.

Alegra-te, ó guerreira Lusitânia,
Por este Viriato que criaste,
E chora-o perdido, eternamente.

Exemplo toma nisto de Dardânia;
Que, se a Roma com ele aniquilaste,
Nem por isso Cartago está contente.

———

Debaixo desta pedra sepultada
Jaz do mundo a mais nobre formosura,
A quem a Morte, só de inveja pura,
Sem tempo sua vida tem roubada,

Sem ter respeito àquela assim estremada
Gentileza de luz, que a noite escura
Tornava em claro dia; cuja alvura
Do Sol a clara luz tinha eclipsada,

Do Sol peitada foste, cruel Morte,
Para o livrar de quem o escurecia;
E da Lua, que ante ela luz não tinha.

Como de tal poder tiveste sorte?
E, se a tiveste, como tão asinha
Tornaste a luz do mundo em terra fria?

Delgadas, claras águas do Mondego,
Doce repouso de minha lembrança,
Adonde a falsa e pérfida esperança,
Longo tempo após si me trouxe cego:

De vós me aparto, mas porém não nego
Que a memória que de vós me alcança
Me não deixa de vós fazer mudança,
Mas quanto mais me alongo, mais me achego.

Não quero de meus males outra glória
Senão que lhe mostreis em vossas águas
As dos meus olhos, com que os seus se banhem.

Já pode ser que com minha memória,
Vendo meus males, vendo minhas mágoas,
As suas com as minhas se acompanhem.

───────

Depois de tantos dias malgastados,
Depois de tantas noites maldormidas,
Depois de tantas lágrimas vertidas,
Tantos suspiros vãos vãmente dados,

Como não sois vós já desenganados,
Desejos, que de coisas esquecidas
Quereis remediar mortais feridas
Que Amor fez sem remédio, o Tempo, os Fados?

Se não tivéreis já longa experiência
Das sem-razões do Amor a quem servistes,
Fraqueza fora em vós a resistência;

Mas pois por vosso mal seus males vistes,
Que o tempo não curou, nem larga ausência,
Qual bem dele esperais, desejos tristes?

Depois que quis Amor que eu só passasse
Quanto mal já por muitos repartiu,
Entregou-me à Fortuna, porque viu
Que não tinha mais mal que em mim mostrasse.

Ela, porque do Amor se avantajasse
No tormento que o Céu me permitiu,
O que para ninguém se consentiu,
Para mim só mandou que se inventasse.

Eis-me aqui vou com vário som gritando,
Copioso exemplário para a gente
Que destes dois tiranos é sujeita,

Desvarios em versos concertando.
Triste quem seu descanso tanto estreita,
Que deste tão pequeno está contente!

―――――

Depois que viu Cibele o corpo humano
Do formoso Átis seu verde pinheiro,
Em piedade o vão furor primeiro
Convertido, chorou seu grave dano.

E, fazendo a sua dor ilustre engano,
A Júpiter pediu que o verdadeiro
Preço da nobre palma e do loureiro
Ao seu pinheiro desse, soberano.

Mais lhe concede o filho poderoso
Que as estrelas, subindo, tocar possa,
Vendo os segredos lá do céu superno.

Oh! ditoso pinheiro! Oh! mais ditoso
Quem se vir coroar da folha vossa,
Cantando à vossa sombra verso eterno!

Diana prateada, esclarecida
Com a luz que do claro Febo ardente,
Por ser de natureza transparente,
Em si, como em espelho, reluzia.

Cem mil milhões de graças lhe influía,
Quando me apareceu o excelente
Raio de vosso aspecto, diferente
Em graça e em amor do que soía.

Eu, vendo-me tão cheio de favores
E tão propínquo a ser de todo vosso,
Louvei a hora clara e a noite escura,

Pois nela destes cor a meus amores;
Donde colijo claro que não posso
De dia para vós já ter ventura.

Ditosa pena, como a mão que a guia
Com tantas perfeições da sutil arte,
Que, quando com razão venho a louvar-te,
Em teus louvores perco a fantasia.

Porém Amor, que efeitos vários cria,
De ti cantar me manda em toda a parte,
Não em plectro belígero de Marte,
Mas em suave e branda melodia.

Teu nome, Emanuel, de um ao outro polo
Voando, se levanta e te pregoa,
Agora, que ninguém te levantava.

E porque imortal sejas, eis Apolo
Te oferece de flores a coroa
Que já de longo tempo te aguardava.

Ditosas almas, que ambas juntamente
Ao céu de Vênus e de Amor voastes,
Onde um bem que tão breve cá lograstes
Estais logrando agora eternamente;

Aquele estado vosso tão contente,
Que só por durar pouco triste achastes,
Por outro mais contente já o trocastes,
Onde sem sobressalto o bem se sente.

Triste de quem cá vive tão cercado,
Na amorosa fineza, de um tormento
Que a glória lhe perturba mais crescida!

Triste, pois me não vale o sofrimento,
E Amor, para mais dano, me tem dado
Para tão duro mal, tão larga vida!

———

Ditoso seja aquele que somente
Se queixa de amorosas esquivanças;
Pois por elas não perde as esperanças
De poder nalgum tempo ser contente.

Ditoso seja quem, estando ausente,
Não sente mais que a pena das lembranças;
Porque, inda que se tema de mudanças,
Menos se teme a dor quando se sente.

Ditoso seja, enfim, qualquer estado,
Onde enganos, desprezos, isenção
Trazem o coração atormentado.

Mas triste quem se sente magoado
De erros em que não pode haver perdão,
Sem ficar na alma a mágoa do pecado.

Diversos dons reparte o Céu benigno
E quer que cada uma um só possua;
Assim, ornou de casto peito a Lua,
Ornamento do assento cristalino;

De graça, a mãe formosa do menino,
Que nessa vista tem perdido a sua;
Palas, de discrição, que imite a tua;
De valor Juno, só de império digno.

Mas junto agora o mesmo Céu derrama
Em ti o mais que tinha, e foi o menos,
Em respeito do Autor da Natureza;

Que, a seu pesar, te dão, formosa Dama,
Diana honestidade e graça Vênus,
Palas aviso seu, Juno a nobreza.

Dizei, Senhora, da Beleza ideia:
Para fazerdes esse áureo crino,
Onde fostes buscar esse ouro fino?
De que escondida mina ou de que veia?

Dos vossos olhos essa luz febeia,
Esse respeito, de um império digno,
Se o alcançastes com saber divino
Se com encantamentos de Medeia?

De que escondidas conchas escolhestes
As pérolas preciosas, orientais
Que, falando, mostrais no doce riso?

Pois vos formastes tal como quisestes,
Vigiai-vos de vós, não vos vejais;
Fugi das fontes: lembre-vos Narciso.

Doce contentamento já passado
Em que todo o meu bem só consistia,
Quem vos levou de minha companhia
E me deixou de vós tão apartado?

Quem cuidou que se visse nesse estado
Naquelas breves horas de alegria,
Quando minha ventura consentia
Que de enganos vivesse meu cuidado?

Fortuna minha foi cruel e dura
Aquela que causou meu perdimento,
Com a qual ninguém pode ter cautela.

Nem se engane nenhuma criatura,
Que não pode nenhum impedimento
Fugir do que lhe ordena sua estrela.

———

Doce sonho, suave e soberano,
Se por mais longo tempo me durara!
Ah! quem de sonho tal nunca acordara,
Pois havia de ver tal desengano!

Ah! deleitoso bem! ah! doce engano!
Se por mais largo espaço me enganara!
Se então a vida mísera acabara,
De alegria e prazer morrera ufano,

Ditoso, não estando em mim, pois tive,
Dormindo, o que acordado ter quisera.
Olhai com que me paga meu destino!

Enfim, fora de mim ditoso estive.
Em mentiras ter dita, razão era,
Pois sempre nas verdades fui mofino.

Doces lembranças da passada glória,
Que me tirou Fortuna roubadora,
Deixai-me repousar em paz uma hora,
Que comigo ganhais pouca vitória.

Impressa tenho na alma a larga história
Deste passado bem, que nunca fora;
Ou fora, e não passara; mas já agora
Em mim não pode haver mais que a memória.

Vivo em lembranças, morro de esquecido
De quem sempre devera ser lembrado,
Se lhe lembrara estado tão contente.

Oh! quem tornar pudera a ser nascido!
Soubera-me lograr do bem passado,
Se conhecer soubera o mal presente.

———

Dos Céus desce à Terra a maior Beleza,
Une-se à nossa carne e fá-la nobre;
E sendo a humanidade dantes pobre,
Hoje subida fica à maior alteza.

Busca o Senhor mais rico a maior pobreza;
Que como ao mundo o seu amor descobre,
De palhas vis o corpo tenro cobre,
E por elas o mesmo Céu despreza.

Como? Deus em pobreza à Terra desce?
O que é mais pobre tanto lhe contenta,
Que este somente rico lhe parece.

Pobreza este Presépio representa;
Mas tanto por ser pobre já merece,
Que quanto mais o é, mais lhe contenta.

Dos ilustres antigos que deixaram
Tal nome que igualou fama à memória,
Ficou por luz do tempo a larga história
Dos feitos em que mais se assinalaram.

Se se com coisas destes cotejaram
Mil vossas, cada uma tão notória,
Vencera a menor delas a maior glória
Que eles em tantos anos alcançaram.

A glória sua foi – ninguém lha tome –,
Seguindo cada um vários caminhos,
Estátuas levantando no seu Templo.

Vós, honra portuguesa e dos Coutinhos,
Ilustre D. João, com melhor nome
A vós encheis de glória, a nós de exemplo.

───

Em flor vos arrancou já tão crescida
Ah! Senhor Dom Antônio!, a dura sorte,
Donde fazendo andava o braço forte
A fama dos Antigos esquecidos.

Uma só razão tenho conhecida
Com que tamanha mágoa se conforte:
Que, pois no mundo havia honrada morte,
Que não podíeis ter mais larga a vida.

Se meus humildes versos podem tanto
Que com desejo meu se iguale a arte,
Especial matéria me sereis;

E, celebrado em triste e longo canto,
Se morreste nas mãos do fero Marte
Na memória das gentes vivereis!

Em formosa Leteia se confia,
Por onde vaidade tanta alcança
Que, tornada em soberba a confiança,
Com os deuses celestes competia.

Por que não fosse avante esta ousadia
Que nascem muitos erros da tardança,
Em efeito puseram a vingança
Que tamanha doidice merecia.

Mas Oleno, perdido por Leteia,
Não lhe sofrendo Amor que suportasse
Castigo duro tanta formosura,

Quis padecer em si a pena alheia.
Mas, porque a morte Amor não apartasse,
Ambos tornados são em pedra dura.

Em prisões baixas fui um tempo atado,
Vergonhoso castigo de meus erros;
Inda agora arrojando levo os ferros,
Que a morte, a meu pesar, tem já quebrado.

Sacrifiquei a vida a meu cuidado,
Que Amor não quer cordeiros nem bezerros;
Vi mágoas, vi misérias, vi desterros.
Parece-me que estava assim ordenado.

Contentei-me com pouco, conhecendo
Que era o contentamento vergonhoso,
Só por ver que coisa era viver ledo.

Mas minha estrela, que eu já agora entendo,
A Morte cega e o Caso duvidoso
Me fizeram de gostos haver medo.

Em um batel que com doce meneio
O aurífero Tejo dividia,
Vi belas damas, ou, melhor diria:
Belas estrelas e um Sol no meio.

As delicadas filhas de Nereu,
Com mil vozes de doce harmonia,
Iam honrando a bela companhia,
Que, se eu não erro por honrá-lo veio.

Ó formosas Nereidas, que, cantando,
Lograis agora visão serena
Que a vida, em tantos males, quer trazer-me,

Dizei-lhe que olhe que se vai passando
O curto tempo, e, a tão longa pena,
O espírito é pronto, a carne enferma.

———

Enquanto Febo os montes acendia,
Do Céu com luminosa claridade,
Por evitar do ócio a castidade,
Na caça o tempo Délia despendia.

Vênus, que então de furto descendia
Por cativar de Anquises a vontade,
Vendo Diana em tanta honestidade,
Quase zombando dela, lhe dizia:

— Tu vais com tuas redes na espessura
Os fugitivos cervos enredando,
Mas as minhas enredam o sentido.

— Melhor é — respondia a deusa pura —
Nas redes leves cervos ir tomando
Que tomar-te a ti nelas teu marido.

Enquanto quis Fortuna que tivesse
Esperança de algum contentamento,
O gosto de um suave pensamento
Me fez que seus efeitos escrevesse;

Porém, temendo Amor que aviso desse
Minha escritura a algum juízo isento,
Escureceu-me o engenho com o tormento,
Para que seus enganos não dissesse.

Ó vós, que Amor obriga a ser sujeitos
A diversas vontades! Quando lerdes
Num breve livro casos tão diversos

Verdades puras são, e não defeitos,
E sabei que, segundo o amor tiverdes,
Tereis o entendimento de meus versos.

―――

Erros meus, má fortuna, amor ardente
Em minha perdição se conjuraram;
Os erros e a fortuna sobejaram,
Que para mim bastava amor somente.

Tudo passei; mas tenho tão presente
A grande dor das coisas que passaram,
Que as magoadas iras me ensinaram
A não querer já nunca ser contente.

Errei todo o discurso de meus anos;
Dei causa que a Fortuna castigasse
As minhas malfundadas esperanças.

De amor não vi senão breves enganos...
Oh! quem tanto pudesse, que fartasse
Este meu duro Gênio de vinganças!

Esforço grande, igual ao pensamento;
Pensamentos em obras divulgados,
E não em peito tímido encerrados
E desfeitos depois em chuva e vento;

Ânimo da cobiça baixa isento,
Digno por isso só de altos estados,
Fero açoite dos nunca bem domados
Povos do Malabar sanguinolento;

Gentileza de membros corporais,
Ornados de pudica continência,
Obra por certo rara da Natura:

Estas virtudes e outras muitas mais,
Dignas todas da homérica eloquência,
Jazem debaixo desta sepultura.

Está o lascivo e doce passarinho
Com o biquinho as penas ordenando,
O verso sem medida, alegre e brando,
Despedindo no rústico raminho.

O cruel caçador, que do caminho
Se vem calado e manso desviando,
Na pronta vista a seta endireitando,
Lhe dá no estígio lago eterno ninho.

Destarte o coração, que livre andava
Posto que já de longe destinado,
Onde menos temia, foi ferido.

Porque o Frecheiro cego me esperava,
Para que me tomasse descuidado,
Em vossos claros olhos escondido.

Está-se a Primavera trasladando
Em vossa vista deleitosa e honesta,
Nas lindas faces, olhos, boca e testa,
Boninas, lírios, rosas debuxando.

De sorte, vosso gesto matizando,
Natura quanto pode manifesta,
Que o monte, o campo, o rio e a floresta
Se estão de vós, Senhora, namorando.

Se agora não quereis que quem vos ama
Possa colher o fruto destas flores,
Perderão toda graça vossos olhos.

Porque pouco aproveita, linda Dama,
Que semeasse Amor em vós amores,
Se vossa condição produz abrolhos.

───────

Este amor que vos tenho, limpo e puro,
De pensamento vil nunca tocado,
Em minha tenra idade começado,
Tê-lo dentro nesta alma só procuro.

De haver nele mudança estou seguro,
Sem temer nenhum caso ou duro fado,
Nem o supremo bem ou baixo estado,
Nem o tempo presente nem futuro.

A bonina e a flor asinha passa;
Tudo por terra o Inverno e Estio deita;
Só para meu amor é sempre Maio.

Mas ver-vos para mim, Senhora, escassa,
E que essa ingratidão tudo me enjeita,
Traz este meu amor sempre em desmaio.

Eu cantarei de amor tão docemente,
Por uns termos em si tão concertados,
Que dois mil acidentes namorados
Faça sentir ao peito que não sente.

Farei que amor a todos avivente,
Pintando mil segredos delicados,
Brandas iras, suspiros magoados,
Temerosa ousadia, e pena ausente.

Também, Senhora, do desprezo honesto
De nossa vista branda e rigorosa,
Contentar-me-ei dizendo a menor parte.

Porém, para cantar de vosso gesto
A composição alta e milagrosa,
Aqui falta saber, engenho e arte.

———

Eu cantei já, e agora vou chorando
O tempo que cantei tão confiado;
Parece que no canto já passado
Se estavam minhas lágrimas criando.

Cantei; mas se me alguém pergunta quando,
Não sei; que também fui nisso enganado.
É tão triste este meu presente estado,
Que o passado por ledo estou julgando.

Fizeram-me cantar, manhosamente,
Contentamentos não, mas confianças;
Cantava, mas já era ao som dos ferros.

De quem me queixarei, que tudo mente?
Mas eu que culpa ponho às esperanças,
Onde a Fortuna injusta é mais que os erros?

Eu me aparto de vós, ninfas do Tejo,
Quando menos temia esta partida;
E se minha alma vai entristecida
Nos olhos o vereis com que vos vejo.

Pequenas esperanças, mal sobejo,
Vontade que a razão leva vencida,
Presto verão o fim à triste vida,
Se vos não torno a ver como desejo.

Nunca a noite entretanto, nunca o dia
Verão partir de mim vossa lembrança,
Amor que vai comigo o certifica.

Por mais que no tornar haja tardança,
Me farão sempre triste companhia
Saudades do bem que em vós me fica.

Ferido sem ter cura parecia
O forte e duro Télefo temido
Por aquele que na água foi metido
E a quem ferro nenhum cortar podia.

Quando a apolíneo oráculo pedia
Conselho para ser restituído,
Respondeu-lhe: tornasse a ser ferido
Por quem o já ferira: e sararia.

Assim, senhora, quer minha ventura;
Que ferido de ver-vos claramente,
Com vos tornar a ver Amor me cura.

Mas é tão doce vossa formosura,
Que fico como o hidrópico doente,
Que bebendo lhe cresce maior secura.

Fiou-se o coração de muito isento
De si, cuidando mal que tomaria
Tão ilícito amor, tal ousadia,
Tal modo nunca visto de tormento.

Mas os olhos pintaram tão a tento
Outros que visto tem na fantasia,
Que a razão, temerosa do que via,
Fugiu, deixando o campo ao pensamento.

Ó Hipólito casto, que de jeito
De Fedra, tua madrasta, foste amado,
Que não sabia ter nenhum respeito;

Em mim vingou Amor teu casto peito;
Mas está desse agravo tão vingado,
Que se arrepende já do que tem feito.

———

Foi já num tempo doce coisa amar,
Enquanto me enganava a esperança;
O coração, com esta confiança,
Todo se desfazia em desejar.

Oh! vão, caduco e débil esperar!
Como se desengana uma mudança!
Que, quanto é maior a bem-aventurança,
Tanto menos se crê que há de durar.

Quem já se viu contente e prosperado,
Vendo-se em breve tempo em pena tanta,
Razão tem de viver bem magoado;

Porém, quem tem o mundo experimentado,
Não o magoa a pena nem o espanta,
Que mal se estranhará o costumado.

Formosa Beatriz, tendes tais jeitos
Num brando revolver dos olhos belos,
Que só no contemplá-los, se não vê-los,
Se inflamam corações e humanos peitos.

Em toda perfeição são tão perfeitos,
Que o desengano dão de merecê-los:
Não pode haver quem possa conhecê-los,
Sem nele Amor fazer grandes efeitos.

Sentiram, por meu mal, tão graves danos
Os meus, que com os ver, cegos e tristes
Ficaram sem prazer, com a luz perdida.

Mas, já que vós com eles me feristes,
Tornai-me a ver com eles mais humanos,
E deixareis curada esta ferida.

———

Formosos olhos, que na idade nossa
Mostrais do Céu certíssimos sinais,
Se quereis conhecer quanto possais,
Olhai-me a mim, que sou feitura vossa.

Vereis que do viver me desapossa
Aquele riso com que a vida dais;
Vereis como de Amor não quero mais,
Por mais que o tempo corra, o dano possa.

E se ver-vos nesta alma, enfim, quiserdes,
Como em um claro espelho, ali vereis
Também a vossa, angélica e serena.

Mas eu cuido que, só por me não verdes,
Ver-vos em mim, Senhora, não quereis:
Tanto gosto levais de minha pena!

Fortuna, em mim guardando seu direito,
Em verdade derrubou minha alegria.
Oh! quanto se acabou naquele dia,
Cuja triste lembrança arde em meu peito!

Quando contemplo tudo, bem suspeito
Que a tal bem tal descanso se devia,
Por não dizer o mundo que podia
Achar-se, em seu engano, bem perfeito.

Mas se a Fortuna o fez por descontar-me
Tamanho gosto, em cujo sentimento
A memória não faz senão matar-me,

Que culpa pode dar-me o sofrimento,
Se a causa que ele tem de atormentar-me,
Eu tenho de sofrer o seu tormento?

―――

Gentil Senhora, se a Fortuna inimiga,
Que contra mim com todo o Céu conspira,
Os olhos meus de ver os vossos tira,
Por que em mais graves casos me persiga,

Comigo levo esta alma, que se obriga,
Na maior pressa de mar, de fogo, de ira,
A dar-vos a memória que suspira
Só por fazer convosco eterna liga.

Nesta alma, onde a Fortuna pode pouco,
Tão viva vos terei, que frio e fome
Vos não possam tirar, nem mais perigos.

Antes, com som da voz trêmulo e rouco
Por vós chamando, só com vosso nome
Farei fugir os ventos e os inimigos.

Grão tempo há já que soube da Ventura
A vida que me tinha destinada;
Que a longa experiência da passada
Me dava claro indício da futura.

Amor fero, cruel, Fortuna escura,
Bem tendes vossa força experimentada:
Assolai, destruí, não fique nada!
Vingai-vos desta vida, que inda dura!

Soube Amor da Ventura, que a não tinha,
E por que mais sentisse a falta dela,
De imagens impossíveis me mantinha.

Mas vós, Senhora, pois que minha estrela
Não foi melhor, vivei nesta alma minha,
Que não tem a Fortuna poder nela.

———

Horas breves de meu contentamento,
Nunca me pareceu, quando vos tinha,
Que vos visse mudadas tão asinha
Em tão compridos anos de tormento.

As altas torres, que fundei no vento,
Levou, enfim, o vento que a sustinha:
Do mal, que me ficou, a culpa é minha,
Pois sobre coisas vãs fiz fundamento.

Amor com brandas mostras aparece,
Tudo possível faz, tudo assegura;
Mas logo no melhor desaparece.

Estranho mal! Estranha desventura!
Por um pequeno bem que desfalece,
Um bem-aventurar, que sempre dura!

Ilustre e digno ramo dos Meneses,
Aos quais o previdente e largo Céu,
Que errar não sabe, em dote concedeu
Rompessem os maométicos arneses;

Desprezando a Fortuna e seus reveses,
Ide para onde o fado vos moveu:
Erguei flamas no mar alto Eritreu,
E sereis nova luz aos portugueses.

Oprimi com tão firme e forte peito
O pirata insolente, que se espante
E trema Taprobana e Gedrosia.

Dai nova causa à cor do Arabo Estreito:
Assim que o Roxo Mar, daqui em diante,
O seja só com o sangue de Turquia!

Indo o triste pastor todo embebido
Na sombra do seu doce pensamento,
Tais queixas espalhava ao leve vento,
Com um brando suspirar da alma saído.

— A quem me queixarei, cego, perdido,
Pois nas pedras não acho sentimento?
Com quem falo? A quem digo meu tormento,
Que onde mais chamo, sou menos ouvido?

Oh! bela Ninfa, por que não respondes?
Por que o olhar-me tanto me encareces?
Por que queres que sempre me querele?

— Eu quanto mais te busco, mais te escondes!
Quanto mais mal me vês, mais te endureces!
Assim que com mal cresce a causa dele.

Já a saudosa Aurora destoucava
Os seus cabelos de ouro, delicados,
E as flores nos campos esmaltados
Do cristalino orvalho borrifava,

Quando o formoso gado se espalhava
De Sílvio e de Laurente pelos prados;
Pastores ambos, e ambos apartados
De quem o mesmo amor não se apartava.

Com verdadeiras lágrimas, Laurente,
– Não sei – dizia – ó ninfa delicada,
Porque não morre já quem vive ausente,

Pois a vida sem ti não presta nada.
Responde Sílvio: – Amor não o consente,
Que ofende as esperanças da tornada.

———

Já claro vejo bem, já bem conheço
Quanto aumentando vou o meu tormento;
Pois sei que fundo em água, escrevo em vento,
E que o cordeiro manso ao lobo peço;

Que Aracne sou, pois já com Palas teço;
Que a tigres em meus males me lamento;
Que reduzir o mar a um vaso intento,
Aspirando a esse Céu que não mereço.

Quero achar paz em um confuso Inferno;
Na noite do Sol puro a claridade;
E o suave Verão no duro Inverno.

Busco em luzente Olimpo escuridade,
E o desejado bem no mal eterno,
Buscando amor em vossa crueldade.

Já não sinto, Senhora, os desenganos
Com que minha afeição sempre tratastes,
Nem ver o galardão, que me negastes,
Merecido por fé há tantos anos.

A mágoa choro só, só choro os danos
De ver por quem, Senhora, me trocastes;
Mas em tal caso vós só me vingastes
De vossa ingratidão, vossos enganos.

Dobrada glória dá qualquer vingança,
Que o ofendido toma do culpado,
Quando se satisfaz com coisa justa;

Mas eu de vossos males e esquivança,
De que agora me vejo bem vingado,
Não a quisera tanto à vossa custa.

———

Julga-me a gente toda por perdido,
Vendo-me, tão entregue a meu cuidado,
Andar sempre dos homens apartado,
E de humanos comércios esquecido.

Mas eu, que tenho o mundo conhecido,
E quase que sobre ele ando dobrado,
Tenho por baixo, rústico e enganado
Quem não é com meu mal engrandecido.

Vá revolvendo a terra, o mar, e o vento,
Honras busque e riquezas a outra gente,
Vencendo ferro, fogo, frio e calma,

Que eu por amor somente me contento
De trazer esculpido eternamente
Vosso formoso gesto dentro da alma.

Leda serenidade deleitosa,
Que representa em terra um paraíso;
Entre rubis e pérolas doce riso;
Debaixo de ouro e neve cor-de-rosa;

Presença moderada e graciosa,
Onde ensinando estão despejo e siso
Que se pode por arte e por aviso,
Como por natureza, ser formosa;

Fala de quem a morte e a vida pende,
Rara, suave; enfim, Senhora, vossa;
Repouso nela alegre e comedido:

Estas as armas são com que me rende
E me cativa Amor; mas não que possa
Despojar-me da glória de rendido.

———

Lembranças saudosas, se cuidais
De me acabar a vida neste estado,
Não vivo com meu mal tão enganado,
Que não espere dele muito mais.

De muito longe já me costumais
A viver de algum bem desesperado;
Já tenho com a Fortuna concertado
De sofrer os trabalhos que me dais.

Atado ao remo tenho a paciência,
Para quantos desgostos der a vida,
Cuide em quanto quiser o pensamento;

Que, pois não há aí outra resistência,
Para tão certa queda de subida,
Aparar-lhe-ei debaixo o sofrimento.

Lembranças, que lembrais o bem passado
Para que sinta mais o mal presente,
Deixai-me, se quereis, viver contente,
Morrer não me deixeis em tal estado.

Se de todo, contudo, está o Fado
Que eu morra de viver tão descontente,
Venha-me todo o bem por acidente,
E todo o mal me venha por cuidado.

Que muito melhor é perder-se a vida,
Perdendo-se as lembranças da memória,
Pois fazem tanto dano ao pensamento.

Porque, enfim, nada perde quem perdida
A esperança tem já daquela glória
Que fazia suave o seu tormento.

———

Lindo e sutil trançado, que ficaste
Em penhor do remédio que mereço,
Se só contigo, vendo-te, endoideço,
Que fora com os cabelos que apertaste?

Aquelas tranças de ouro que ligaste,
Que os raios do sol têm em pouco preço,
Não sei se ou para engano do que peço,
Ou para me matar as desataste.

Lindo trançado, em minhas mãos te vejo,
E por satisfação de minhas dores,
Como quem não tem outra, hei de tomar-te.

E, se não for contente o meu desejo,
Dir-lhe-ei que, nesta regra dos amores,
Pelo todo também se toma a parte.

Males, que contra mim vos conjurastes,
Quanto há de durar tão duro intento?
Se dura, porque dure o meu tormento,
Baste-vos quanto já me atormentastes.

Mas se assim porfiais, porque cuidastes
Derrubar meu tão alto pensamento,
Mais pode a causa dele, em que o sustento,
Que vós, que dela mesma o ser tomastes.

E pois vossa tenção com minha morte
É de acabar o mal destes amores,
Dai já fim a tormento tão comprido.

Assim de ambos contente será a sorte,
Em vós por acabar-me, vencedores;
Em mim porque acabei de vós vencido.

Memória de meu bem, cortado em flores
Por ordem de meus tristes e maus Fados,
Deixai-me descansar com meus cuidados
Nesta inquietação de meus amores.

Basta-me o mal presente, e os temores
Dos sucessos que espero infortunados,
Sem que venham, de novo, bens passados
Afrontar meu repouso com suas dores

Perdi numa hora tudo quanto em termos
Tão vagarosos e largos, alcancei;
Deixai-me, pois, lembranças desta glória.

Cumpre se acabe a vida nestes ermos,
Porque neles com meu mal acabarei
Mil vidas, não uma só – dura memória!...

Moradoras gentis e delicadas
Do claro e áureo Tejo, que metidas
Estais em suas grutas escondidas,
E com doce repouso sossegadas;

Agora estais de amores inflamadas,
Nos cristalinos paços entretidas;
Agora no exercício embevecidas
Das telas de ouro puro matizadas;

Movei dos lindos rostos a luz pura
De vossos olhos belos, consentindo
Que lágrimas derramem de tristura.

E assim, com dor mais própria ireis ouvindo
As queixas que derramo da Ventura,
Que com penas de Amor me vai seguindo.

Mudam-se os tempos, mudam-se as vontades,
Muda-se o ser, muda-se a confiança;
Todo o mundo é composto de mudança,
Tomando sempre novas qualidades.

Continuamente vemos novidades,
Diferentes em tudo da esperança;
Do mal ficam as mágoas na lembrança,
E do bem, se algum houve, as saudades.

O tempo cobre o chão de verde manto,
Que já coberto foi de neve fria,
E em mim converte em choro e doce canto.

E, afora este mudar-se cada dia,
Outra mudança faz de maior espanto,
Que não se muda já como soía.

Na desesperação já repousava
O peito longamente magoado,
E, com seu dano eterno concertado,
Já não temia, já não desejava;

Quando uma sombra vã me assegurava
Que algum bem me podia estar guardado
Em tão formosa imagem, que o traslado
Na alma ficou, que nela se enlevava.

Que crédito que dá tão facilmente
O coração àquilo que deseja,
Quando lhe esquece o fero seu destino!

Ah! deixem-me enganar, que eu sou contente;
Que, posto que maior meu dano seja,
Fica-me a glória já do que imagino.

———

Na metade do Céu subido ardia
O claro, almo Pastor, quando deixavam
O verde pasto as cabras, e buscavam
A frescura suave da água fria.

Com a folha da árvore sombria
Do raio ardente as aves se emparavam;
O módulo cantar, de que cessavam,
Só nas roucas cigarras se sentia;

Quando Liso, pastor, num campo verde
Natércia, crua Ninfa, só buscava
Com mil suspiros tristes que derrama.

– Por que te vás de quem por ti se perde,
Para quem pouco te ama? – suspirava –
E o eco lhe responde: – Pouco te ama.

Na ribeira de Eufrates assentado,
Discorrendo me achei pela memória
Aquele breve bem, aquela glória,
Que em ti, doce Sião, tinha passado.

Da causa de meus males perguntado
Me foi: – Como não cantas a história
De teu passado bem, e da vitória
Que sempre de teu mal hás alcançado?

Não sabes que a quem canta se lhe esquece
O mal, inda que grave e rigoroso?
Canta, pois, e não chores dessa sorte.

Respondo com suspiros: – Quando cresce
A muita saudade, o piedoso
Remédio é não cantar senão a morte.

———

Náiades, vós, que os rios habitais
Que os saudosos campos vão regando,
De meus olhos vereis estar manando
Outros, que quase aos vossos são iguais.

Dríades, vós que as setas atirais,
Os fugitivos cervos derrubando,
Outros olhos vereis, que triunfando
Derrubam corações, que valem mais.

Deixai a aljava logo, e as águas frias,
E vinde, ninfas minhas, se quereis
Saber como de uns olhos nascem mágoas.

Vereis como se passam em vão os dias;
Mas não vireis em vão, que cá achareis
Nos seus as setas e nos meus as águas.

— Não passes, caminhante! — Quem me chama?
— Uma memória nova e nunca ouvida.
De um que trocou finita e humana vida
Por divina, infinita e clara fama.

— Quem é que tão gentil louvor derrama?
— Quem derramar seu sangue não duvida
Por seguir a bandeira esclarecida
De um capitão de Cristo, que mais ama.

— Ditoso fim, ditoso sacrifício,
Que a Deus se fez e ao mundo juntamente!
Apregoando direi tão alta sorte.

— Mais poderás contar a toda a gente
Que sempre deu sua vida claro indício
De vir a merecer tão santa morte.

Não vás ao monte, Nise, com teu gado,
Que eu lá vi que Cupido te buscava;
Por ti somente a todos perguntava,
No gesto menos plácido que irado.

Ele publica, enfim, que lhe hás roubado
Os melhores farpões da sua aljava;
E com um dardo ardente assegurava
Traspassar esse peito delicado.

Fuge de ver-te lá nesta aventura,
Porque, se contra ti o tens iroso,
Pode ser que te alcance com mão dura.

Mas ai! que em vão te advirto temeroso,
Se à tua incomparável formosura
Se rende o dardo seu mais poderoso!

Nem o tremendo estrépito da guerra,
Com armas, com incêndios espantosos,
Que despacham pelouros perigosos,
Bastantes a abalar uma alta serra,

Podem pôr medo a quem nenhum encerra,
Depois que viu os olhos tão formosos,
Por quem o horror nos casos pavorosos
De mim todo se aparta e se desterra.

A vida posso ao fogo e ferro dar,
E perdê-la em qualquer duro perigo,
E nele, como Fênix, renovar.

Não pode mal haver para comigo,
De que eu já me não possa bem livrar,
Senão do que me ordena Amor inimigo.

No mundo poucos anos, e cansados,
Vivi, cheios de vil miséria dura:
Foi-me tão cedo a luz do dia escura,
Que não vi cinco lustres acabados.

Corri terras e mares apartados,
Buscando à vida algum remédio ou cura;
Mas aquilo que, enfim, não quer Ventura,
Não o alcançam trabalhos arriscados.

Criou-me Portugal na verde e cara
Pátria minha Alenquer; mas ar corruto,
Que neste meu terreno vaso tinha,

Me fez manjar de peixes em ti, bruto
Mar, que bates na Abássia fera e avara,
Tão longe da ditosa Pátria minha!

No mundo quis o Tempo que se achasse
O bem que por acerto ou sorte vinha;
E, por experimentar que dita tinha,
Quis que a Fortuna em mim se experimentasse.

Mas por que meu destino me mostrasse
Que nem ter esperanças me convinha,
Nunca nesta tão longa vida minha
Coisa me deixou ver que desejasse.

Mudando andei costume, terra e estado,
Por ver se se mudava a sorte dura;
A vida pus nas mãos de um leve lenho.

Mas, segundo o que o Céu me tem mostrado,
Já sei que deste meu buscar ventura
Achado tenho já que não a tenho.

No tempo que de amor viver soía,
Nem sempre andava ao remo ferrolhado;
Antes, agora livre, agora atado
Em várias flamas variamente ardia.

Que ardesse num só fogo não queria
O Céu, porque tivesse experimentado
Que nem mudar as causas ao cuidado
Mudança na ventura me faria.

E se algum pouco tempo andava isento,
Foi como quem com o peso descansou,
Por tornar a cansar com mais alento.

Louvado seja Amor em meu tormento,
Pois para passatempo seu tomou
Este meu tão cansado sofrimento!

Nos braços de um silvano adormecendo
Se estava aquela ninfa que eu adoro,
Pagando com a boca o doce foro,
Com que os meus olhos foi escurecendo.

Ó bela Vênus! porque estás sofrendo
Que a maior formosura do teu coro
Em um poder tão vil perca o decoro
Que o mérito maior lhe está devendo?

Eu levarei daqui por pressuposto,
Desta nova estranheza que fizeste,
Que em ti não pode haver coisa segura.

Que, pois o claro lume, o belo rosto
Àquele monstro tão disforme deste,
Não creio que haja Amor, senão Ventura.

———

Num bosque que das ninfas se habitava,
Sílvia, ninfa linda, andava um dia;
E, subida numa árvore sombria,
As amarelas flores apanhava.

Cupido, que ali sempre costumava
A vir passar a sesta à sombra fria,
Num ramo o arco e setas que trazia,
Antes que adormecesse, pendurava.

A ninfa, como idôneo tempo vira
Para tamanha empresa, não dilata,
Mas com as armas foge ao moço esquivo.

As setas traz nos olhos, com que tira.
– Ó pastores! fugi, que a todos mata,
Senão a mim, que de matar-me vivo.

Num jardim adornado de verdura,
A que esmaltam por cima várias flores,
Entrou um dia a deusa dos amores,
Com a deusa da caça e da espessura.

Diana tomou logo uma rosa pura,
Vênus um roxo lírio, dos melhores;
Mas excediam muito às outras flores
As violas na graça e formosura.

Perguntam a Cupido, que ali estava,
Qual daquelas três flores tomaria
Por mais suave e pura e mais formosa.

Sorrindo-se, o menino lhe tornava:
— Todas formosas são; mas eu queria
Viola antes que lírio, nem que rosa.

Num tão alto lugar, de tanto preço,
Este meu pensamento posto vejo,
Que desfalece nele inda o desejo,
Vendo quanto por mim o desmereço.

Quando esta tal baixeza em mim conheço
Acho que cuidar nele é grão despejo,
E que morrer por ele me é sobejo
E maior bem para mim do que mereço.

O mais que natural merecimento
De quem me causa um mal tão duro e forte
O faz que vá crescendo de hora em hora.

Mas eu não deixarei meu pensamento,
Porque, inda que este mal me cause a morte,
Un bel morir tutta la vita onora.

Nunca em amor danou o atrevimento;
Favorece a Fortuna a ousadia;
Porque sempre a encolhida covardia
De pedra serve ao livre pensamento.

Quem se eleva ao sublime Firmamento,
A estrela nele encontra que lhe é guia;
Que o bem que encerra em si a fantasia
São umas ilusões que leva o vento.

Abrir-se devem passos à ventura;
Sem si próprio ninguém será ditoso;
Os princípios somente a sorte os move.

Atrever-se é valor e não loucura;
Perderá por covarde o venturoso
Que vos vê, se os temores não remove.

———

O céu, a terra, o vento sossegado,
As ondas que se estendem pela areia,
Os peixes que no mar o sono enfreia,
O noturno silêncio repousado...

O pescador Aônio que, deitado
Onde com o vento a água se meneia,
Chorando, o nome amado em vão nomeia,
Que não pode ser mais que nomeado:

"Ondas (dizia), antes que Amor me mate,
Tornai-me a minha Ninfa, que tão cedo
Me fizestes à morte estar sujeita".

Ninguém responde; o mar de longe bate;
Move-se brandamente o arvoredo;
Leva-lhe o vento a voz, que ao vento deita.

O cisne quando sente ser chegada
A hora que põe termo à sua vida,
Harmonia maior, com voz sentida,
Levanta pela praia inabitada.

Deseja lograr vida prolongada,
E dela está chorando a despedida;
Com grande saudade da partida,
Celebra o triste fim desta jornada.

Assim, senhora minha, quando eu via
O triste fim que davam meus amores,
Estando posto já no extremo fio,

Com mais suave acento de harmonia
Descantei pelos vossos desfavores
La vuestra falsa fe, y el amor mío

O culto divinal se celebrava
No templo donde toda criatura
Louva o Feitor divino, que a feitura
Com seu sagrado sangue restaurava.

Amor ali, que o tempo me aguardava
Onde a vontade tinha mais segura,
Com uma rara e angélica figura
A vista da razão me salteava.

Eu crendo que o lugar me defendia
De seu livre costume, não sabendo
Que nenhum confiado lhe fugia,

Deixei-me cativar; mas hoje vendo,
Senhora, que por vosso me queria,
Do tempo que fui livre me arrependo.

O dia em que nasci moura e pereça,
Não o queira jamais o tempo dar;
Não torne mais ao mundo, e, se tornar,
Eclipse nesse passo o Sol padeça.

A luz lhe falte, o Sol se lhe escureça,
Mostre o Mundo sinais de se acabar,
Nasçam-lhe monstros, sangue chova o ar,
A mãe ao próprio filho não conheça.

As pessoas pasmadas, de ignorantes,
As lágrimas no rosto, a cor perdida,
Cuidem que o mundo já se destruiu.

Ó gente temerosa, não te espantes,
Que este dia deitou ao mundo a vida
Mais desgraçada que jamais se viu!

———

O filho de Latona esclarecido,
Que com seu raio alegra a humana gente,
O hórrido Piton, brava serpente
Matou, sendo das gentes tão temido.

Feriu com arco e de arco foi ferido,
Com ponta aguda de ouro reluzente;
Nas tessálicas praias, docemente,
Pela ninfa Peneia andou perdido.

Não lhe pôde valer para seu dano
Ciência, diligências, nem respeito
De ser alto, celeste e soberano.

Se este nunca alcançou nem um engano
De quem era tão pouco em seu respeito,
Eu que espero de um ser que é mais que humano?

O fogo que na branda cera ardia,
Vendo o rosto gentil, que eu n'alma vejo,
Se acendeu de outro fogo do desejo
Como a abraçar a luz que vence o dia.

Como de dois ardores se acendia,
Da grande impaciência fez despejo,
E remetendo com furor sobejo,
Vos foi beijar na parte em que se via.

Ditosa aquela flama que se atreve
A apagar seus ardores e tormentos
Na vista a quem o sol temores deve!

Namoram-se, Senhora, os Elementos
De vós, e queima o fogo aquela neve
Que queima corações e pensamentos.

───

O raio cristalino se estendia
Pelo Mundo, da Aurora marchetada.
Quando Nise, pastora delicada
Donde a vida deixava se partia.

Dos olhos, com que o sol escurecia
Levando a vista em lágrimas banhada,
De si, do Fado e tempo magoada,
Pondo os olhos no céu, assi dizia:

— Nasce, sereno Sol, puro e luzente:
Resplandece, formosa e roxa Aurora,
Qualquer alma alegrando descontente;

Que a minha, sabe tu que, desde agora,
Jamais na vida a podes ver contente,
Nem tão triste nenhuma outra pastora.

O tempo acaba o ano, o mês e a hora,
A força, a arte, a manha, a fortaleza;
O tempo acaba a fama e a riqueza,
O tempo o mesmo tempo de si chora;

O tempo busca e acaba o onde mora
Qualquer ingratidão, qualquer dureza;
Mas não pode acabar minha tristeza,
Enquanto não quiserdes vós, Senhora.

O tempo o claro dia torna escuro,
E o mais ledo prazer em choro triste;
O tempo, a tempestade em grão bonança.

Mas de abrandar o tempo estou seguro
O peito de diamante onde consiste
A pena e o prazer desta esperança.

Oh! como se me alonga de ano em ano
A peregrinação cansada minha!
Como se encurta, e como ao fim caminha
Este meu breve e vão discurso humano!

Vai-se gastando a idade e cresce o dano;
Perde-se-me um remédio que inda tinha;
Se por experiência se adivinha,
Qualquer grande esperança é grande engano.

Corro após este bem que não se alcança;
No meio do caminho me falece;
Mil vezes caio, e perco a confiança.

Quando ele foge, eu tardo; e na tardança,
Se os olhos ergo a ver se inda aparece,
Da vista se me perde, e da esperança.

Oh! quão caro me custa o entender-te,
Molesto Amor, que, só por alcançar-te,
De dor em dor me tens trazido a parte
Onde em ti ódio e ira se converte!

Cuidei que, para em tudo conhecer-te,
Me não faltasse experiência e arte;
Agora vejo na alma acrescentar-te
Aquilo que era causa de perder-te.

Estavas tão secreto no meu peito,
Que eu mesmo, que te tinha, não sabia
Que me senhoreavas deste jeito.

Descobriste-te agora; e foi por via
Que teu descobrimento e meu defeito,
Um me envergonha e outro me injuria.

———

Olhos formosos, em quem quis Natura
Mostrar do seu poder altos sinais,
Se quiserdes saber quanto possais,
Vede-me a mim, que sou vossa feitura.

Pintada em mim se vê vossa figura,
No que eu padeço retratada estais;
Que, se eu passo tormentos desiguais,
Muito mais pode vossa formosura.

De mim não quero mais que o meu desejo;
Ser vosso, e só de ser vosso me arreio,
Por que o vosso penhor em mim se assele.

Não me lembro de mim, quando vos vejo,
Nem do mundo; e não erro, porque creio
Que, em lembrar-me de vós, cumpro com ele.

Ondados fios de ouro reluzente,
Que agora da mão bela recolhidos,
Agora sobre as rosas esparzidos
Fazeis que sua graça se acrescente;

Olhos, que vos moveis tão docemente,
Em mil divinos raios incendidos,
Se de cá me levais alma e sentidos,
Que fora, se eu de vós não fora ausente?

Honesto riso, que entre a maior fineza
De pérolas e corais nasce e perece,
Se na alma em doces ecos não o ouvisse;

Se imaginando só tanta beleza,
De si com nova glória a alma se esquece,
Que será quando a vir? Ah, quem a visse!

―――――

Onde acharei lugar tão apartado
E tão isento em tudo da ventura,
Que, não digo eu de humana criatura,
Mas nem de feras seja frequentado?

Algum bosque medonho e carregado,
Ou selva solitária, triste e escura,
Sem fonte clara ou plácida verdura
Enfim, lugar conforme a meu cuidado?

Porque ali, nas entranhas dos penedos,
Em vida morto, sepultado em vida,
Me queixe copiosa e livremente;

Que, pois a minha pena é sem medida,
Ali triste serei em dias ledos
E dias tristes me farão contente.

Os olhos onde o casto Amor ardia,
Ledo de se ver neles abrasado;
O rosto onde com lustre desusado
Purpúrea rosa sobre neve ardia;

O cabelo, que inveja ao Sol fazia,
Porque fazia o seu menos dourado;
A branca mão, o corpo bem talhado,
Tudo aqui se reduz a terra fria.

Perfeita formosura em tenra idade,
Qual flor, que antecipada foi colhida,
Murchada está da mão da morte dura.

Como não morre Amor de piedade?
Não dela, que se foi à clara vida;
Mas de si, que ficou em noite escura.

Os reinos e os impérios poderosos
Que em grandeza no mundo mais cresceram,
Ou por valor do esforço floresceram,
Ou por varões nas letras espantosos.

Teve Grécia Temístocles; famosos,
Os Cipiões a Roma engrandeceram;
Doze Pares a França glória deram;
Cides a Espanha e Laras belicosos.

Ao nosso Portugal (que agora vemos
Tão diferente de seu ser primeiro)
Os vossos deram honra e liberdade.

E em vós, grão sucessor e novo herdeiro
Do bragançon estado, há mil extremos
Iguais ao sangue e maiores que a idade.

Os vestidos Elisa revolvia
Que lhe Eneias deixara por memória,
Doces despojos da passada glória,
Doces, quando seu Fado o consentia.

Entre eles a formosa espada via
Que instrumento foi da triste história;
E, como quem de si tinha a vitória,
Falando só com ela, assim dizia:

— Formosa e nova espada, se ficaste
Só para executares os enganos
De quem te quis deixar, em minha vida,

Sabe que tu comigo te enganaste;
Que, para me tirar de tantos danos,
Sobeja-me a tristeza da partida.

―――

Passo por meus trabalhos tão isento
De sentimento grande nem pequeno,
Que só pela vontade com que peno
Me fica Amor devendo mais tormento.

Mas vai-me Amor matando tanto a tento,
Temperando a triaga com o veneno,
Que do penar a ordem desordeno,
Porque não m'o consente o sofrimento.

Porém, se esta fineza Amor não sente,
E pagar-me meu mal com mal pretende,
Torna-me com prazer como ao sol neve;

Mas se me vê com os males tão contente,
Faz-se avaro da pena, porque entende
Que quanto mais me paga, mais me deve.

Pede o desejo, Dama, que vos veja.
Não entende o que pede; está enganado.
É este amor tão fino e tão delgado,
Que quem o tem não sabe o que deseja.

Não há coisa, a qual natural seja,
Que não queira perpétuo o seu estado.
Não quer logo o desejo o desejado,
Porque nunca falte onde sobeja.

Mas este puro afeto em mim se dana;
Que, como a grave pedra tem por arte
O centro desejar da natureza,

Assim o pensamento, pela parte
Que vai tomar de mim, terrestre e humana,
Foi, Senhora, pedir esta baixeza.

———

Pelos extremos raros que mostrou
Em sábia Palas, Vênus em formosa,
Diana em casta, Juno em animosa,
África, Europa e Ásia as adorou.

Aquele saber grande que ajuntou
Espírito e corpo em liga generosa,
Esta mundana máquina lustrosa
De só quatro elementos fabricou.

Mas maior milagre fez a Natureza
Em vós, Senhoras, pondo em cada uma
O que por todos quatro repartiu.

A vós seu resplandor deu Sol e Lua:
A vós com viva luz, graça e pureza,
Ar, Fogo, Terra e Água vos serviu.

Pensamentos, que agora novamente
Cuidados vãos em mim ressuscitais,
Dizei-me: Ainda não vos contentais
De terdes quem vos tem tão descontente?

Que fantasia é esta, que presente
Cada hora ante meus olhos me mostrais?
Com sonhos e com sombras atentais
Quem nem por sonhos pode ser contente?

Vejo-vos, pensamentos, alterados,
E não quereis, de esquivos, declarar-me
Que é isto que vos traz tão enleados?

Não me negueis, se andais para negar-me;
Porque, se contra mim estais levantados,
Eu vos ajudarei mesmo a matar-me.

───────

Pois meus olhos não cansam de chorar
Tristezas, que não cansam de cansar-me;
Pois não abranda o fogo em que abrasar-me
Pôde quem eu jamais pude abrandar,

Não canse o cego Amor de me guiar
A parte donde não saiba tornar-me;
Nem deixe o mundo todo de escutar-me,
Enquanto me a voz fraca não deixar.

E se em montes, [em] rios ou em vales
Piedade mora ou dentro mora amor
Em feras, aves, plantas, pedras, águas,

Ouçam a longa história de meus males,
E curem sua dor com minha dor;
Que grandes mágoas podem curar mágoas.

Por cima destas águas, forte e firme,
Irei por onde as sortes o ordenaram,
Pois por cima de quantas me choraram
Aqueles claros olhos pude vir-me.

Já chegado era o fim de despedir-me;
Já mil impedimentos se acabaram,
Quando rios de amor se atravessaram
A me impedir o passo de partir-me.

Passei-os eu com ânimo obstinado,
Com que a morte forçada e gloriosa
Faz o vencido já desesperado.

Em que figura, ou gesto desusado,
Pode já fazer medo a morte irosa
A quem tem a seus pés rendido e atado?

Por que quereis, Senhora, que ofereça
A vida a tanto mal como padeço?
Se vos nasce do pouco que eu mereço,
Bem por nascer está quem vos mereça.

Entendei que por muito que vos peça,
Poderei merecer quanto vos peço;
Pois não consente Amor que em baixo preço
Tão alto pensamento se conheça.

Assim que a paga igual de minhas dores
Com nada se restaura; mas deveis-m'a
Por ser capaz de tantos desfavores.

E se o valor de vossos amadores
Houver de ser igual convosco mesma,
Vós só convosco mesma andai de amores.

Posto me tem Fortuna em tal estado,
E tanto a seus pés me tem rendido!
Não tenho que perder já, de perdido;
Não tenho que mudar já, de mudado.

Todo o bem para mim é acabado;
Daqui dou o viver já por vivido;
Que, aonde o mal é tão conhecido,
Também o viver mais será escusado.

Se me basta querer, a morte quero,
Que bem outra esperança não convém;
E curarei um mal com outro mal.

E, pois do bem tão pouco bem espero,
Já que o mal este só remédio tem,
Não me culpem em querer remédio tal.

Presença bela, angélica figura,
Em quem quanto o Céu tinha nos tem dado;
Gesto alegre, de rosas semeado,
Entre as quais se está rindo a Formosura;

Olhos onde tem feito tal mistura
Em cristal branco o preto marchetado,
Que vemos já no verde delicado
Não esperanças, mas inveja escura;

Brandura, aviso e graça, que aumentando
A natural beleza com desprezo,
Com que, mais desprezada, mais se aumenta:

São as prisões de um coração que, preso,
Seu mal ao som dos ferros vai cantando,
Como faz a sereia na tormenta.

Qual tem a borboleta por costume,
Que, enlevada na luz da acesa vela,
Dando vai voltas mil, até que nela
Se queima agora, agora se consume,

Tal eu correndo vou ao vivo lume
Desses olhos gentis, Aónia bela;
E abraso-me, por mais que com cautela
Livrar-me a parte racional presume.

Conheço o muito a que se atreve a vista,
O quanto se levanta o pensamento,
O como vou morrendo claramente;

Porém, não quer Amor que lhe resista,
Nem a minha alma o quer; que em tal tormento,
Qual em glória maior, está contente.

Quando a suprema dor muito me aperta,
Se digo que desejo esquecimento,
É força que se faz ao pensamento,
De que a vontade livre desconcerta.

Assim de erro tão grave me desperta
A luz do bem regido entendimento,
Que mostra ser engano ou fingimento
Dizer que em tal descanso mais se acerta.

Porque essa própria imagem, que na mente
Me representa o bem de que careço,
Faz-m'o de um certo modo ser presente.

Ditosa é, logo, a pena que padeço,
Pois que da causa dela em mim se sente
Um bem que, inda sem ver-vos, reconheço.

Quando cuido no tempo que contente
Vi as pérolas, neve, rosa e ouro,
Como quem vê por sonhos um tesouro,
Parece tenho tudo aqui presente.

Mas tanto que se passa este acidente
E vejo o quão distante de vós mouro,
Temo quanto imagino por agouro
Porque de imaginar também me ausente.

Já foram dias em que por ventura
Vos vi, Senhora, se, assim dizendo posso,
Com coração seguro estar sem medo;

Agora, em tanto mal não mo assegura
A própria fantasia o nojo vosso:
Eu não posso entender este segredo!

Quando da bela vista e doce riso
Tomando estão meus olhos mantimento,
Tão enlevado sinto o pensamento,
Que me faz ver na terra o Paraíso.

Tanto do bem humano estou diviso,
Que qualquer outro bem julgo por vento;
Assim que, em caso tal, segundo sento,
Assaz de pouco faz quem perde o siso.

Em louvar-vos, Senhora, não me fundo,
Porque quem vossas coisas claro sente,
Sentirá que não pode merecê-las;

Que de tanta estranheza sois ao mundo,
Que não é de estranhar, Dama excelente,
Que quem vos fez fizesse céu e estrelas.

Quando de minhas mágoas a comprida
Maginação os olhos adormece,
Em sonhos aquela alma me aparece
Que para mim foi sonho nesta vida.

Lá numa soidade, onde estendida
A vista pelo campo desfalece,
Corro para ela; e ela então parece
Que mais de mim se alonga, compelida.

Brado: – Não me fujais, sombra benigna! –
Ela, os olhos em mim com brando pejo,
Como quem diz que já não pode ser,

Torna a fugir-me. E eu gritando: Dina...
Antes que diga: *mene*, acordo, e vejo
Que nem um breve engano posso ter.

———

Quando o sol encoberto vai mostrando
Ao mundo a luz quieta e duvidosa,
Ao longo de uma praia deleitosa
Vou na minha inimiga imaginando.

Aqui a vi os cabelos concertando;
Ali com a mão na face, tão formosa;
Aqui falando alegre, ali cuidosa;
Agora estando queda, agora andando.

Aqui esteve sentada, ali me viu,
Erguendo aqueles olhos tão isentos;
Comovida aqui um pouco, ali segura.

Aqui se entristeceu, ali se riu:
E enfim, nestes cansados pensamentos
Passo esta vida vã, que sempre dura.

Quando os olhos emprego no passado,
De quanto passei me acho arrependido;
Vejo que tudo foi tempo perdido,
Que todo emprego foi mal-empregado.

Sempre no mais danoso, mais cuidado;
Tudo o que mais cumpria, malcumprido;
De desenganos menos advertido
Fui, quando de esperanças mais frustrado.

Os castelos que erguia no pensamento,
No ponto que mais altos os erguia,
Por esse chão os via em um momento.

Que erradas contas faz a fantasia!
Pois tudo para em morte, tudo em vento;
Triste o que espera! Triste o que confia!

Quando se vir com água o fogo arder,
E misturar com dia a noite escura,
E a terra se vir naquela altura
Em que se veem os céus prevalecer;

O Amor por razão mandado ser
E a todos ser igual nossa ventura,
Com tal mudança vossa formosura,
Então a poderei deixar de ver.

Porém, não sendo vista esta mudança
No mundo, como claro está não ver-se,
Não se espere de mim deixar de ver-vos.

Que basta estar em vós minha esperança,
O ganho da minha alma, e o perder-se,
Para não deixar nunca de querer-vos.

Quando vejo que meu destino ordena
Que, por me experimentar, de vós me aparte,
Deixando de meu bem tão grande parte
Que a mesma culpa fica grave pena,

O duro desfavor que me condena,
Quando pela memória se reparte,
Endurece os sentidos de tal arte,
Que a dor da ausência fica mais pequena.

Pois como pode ser que na mudança
Daquilo que mais quero, está tão fora
De me não apartar também da vida?

Eu refrearei tão áspera esquivança;
Porque mais sentirei partir, Senhora,
Sem sentir muito a pena da partida.

———

Quando, Senhora, quis Amor que amasse
Essa grã perfeição e gentileza,
Logo deu por sentença que a crueza
Em vosso peito amor acrescentasse.

Determinou que nada me apartasse,
Nem desfavor cruel, nem aspereza,
Mas que em minha raríssima firmeza
Vossa isenção cruel se executasse.

E, pois tendes aqui oferecida
Esta alma vossa a vosso sacrifício,
Acabai de fartar vossa vontade.

Não lhe alargueis, Senhora, mais a vida
Acabará morrendo em seu ofício.
Sua fé defendendo e lealdade.

Quanta incerta esperança, quanto engano!
Quanto viver de falsos fundamentos,
Pois todos vão fazer seus pensamentos
Só no mesmo em que está seu próprio dano!

Na incerta vida estribam de um humano;
Dão crédito a palavras que são ventos;
Choram depois as horas e os momentos
Que riram com mais gosto em todo o ano.

Não haja em aparências confianças;
Entende que o viver é de emprestado;
Que o de que vive o mundo são mudanças.

Mudai, pois, o sentido e o cuidado,
Somente amando aquelas esperanças
Que duram para sempre com o amado.

———

Quantas vezes do fuso se esquecia
Daliana, banhando o lindo seio,
Tantas vezes, de um áspero receio
Salteado, Laurénio a cor perdia.

Ela, que a Sílvio mais que a si queria,
Para podê-lo ver não tinha meio.
Ora como curara o mal alheio
Quem o seu mal tão mal curar sabia?

Ele, que viu tão clara esta verdade,
Com soluços dizia, que a espessura
Comoviam de mágoa e piedade;

– Como pode a desordem da Natura
Fazer tão diferentes na vontade
A quem fez tão conformes na ventura?

— Que esperais, esperança? — Desespero.
— Quem disso a causa foi? — Uma mudança.
— Vós, vida, como estais? — Sem esperança.
— Que dizeis, coração? — Que muito quero.

— Que sentis, alma, vós? — Que amor é fero.
— E, enfim, como viveis? — Sem confiança.
— Quem vos sustenta, logo? — Uma lembrança.
— E só nela esperais? — Só nela espero.

— Em que podeis parar? — Nisto em que estou.
— E em que estais vós? — Em acabar a vida.
— E tênde-lo por bem? — Amor o quer.

— Quem vos obriga assim? — Saber quem sou.
— E quem sois? — Quem de todo está rendida.
— A quem rendida estais? — A um só querer.

— Que levas, cruel Morte? — Um claro dia.
— A que horas o tomaste? — Amanhecendo.
— Entendes o que levas? — Não o entendo.
— Pois quem to faz levar? — Quem o entendia.

— Seu corpo quem o goza? — A terra fria.
— Como ficou sua luz? — Anoitecendo.
— Lusitânia que diz? — Fica dizendo:
"Enfim, não mereci Dona Maria".

— Mataste quem a viu? — Já morto estava.
— Que diz o cru Amor? — Falar não ousa.
— E quem o faz calar? — Minha vontade.

— Na Corte que ficou? — Saudade brava.
— Que fica lá que ver? — Nenhuma coisa.
Mas fica que chorar sua beldade.

Que me quereis, perpétuas saudades?
Com que esperança ainda me enganais?
Que o tempo que se vai não torna mais,
E se torna, não tornam as idades.

Razão é já, ó anos, que vos vades,
Porque estes tão ligeiros que mostrais,
Nem todos para um gosto são iguais,
Nem sempre são conformes as vontades.

Aquilo a que já quis é tão mudado,
Que quase é outra coisa; porque os dias
Têm o primeiro gosto já danado.

Esperanças de novas alegrias
Não mas deixa a Fortuna e o Tempo errado,
Que do contentamento são espias.

———

Que modo tão sutil da Natureza,
Para fugir ao mundo e seus enganos,
Permite que se esconda em tenros anos
Debaixo de um burel tanta beleza!

Mas esconder-se não pode aquela alteza
E gravidade de olhos soberanos,
A cujo resplendor entre os humanos
Resistência não sinto, ou fortaleza.

Quem quer livre ficar de dor e pena,
Vendo-a ou trazendo-a na memória,
Na mesma razão sua se condena.

Porque quem mereceu ver tanta glória
Cativo há de ficar, que Amor ordena
Que de juro tenha ela esta vitória

Que poderei do mundo já querer,
Que naquilo em que pus tamanho amor,
Não vi senão desgosto e desamor,
E morte, enfim, que não mais não pode ser?

Pois vida me não farta de viver,
Pois já sei que não mata grande dor,
Se coisa há que mágoa dê maior,
Eu a verei; que tudo posso ver.

A morte, a meu pesar, me assegurou
De quanto mal me vinha; já perdi
O que a perder o medo me ensinou.

Na vida, desamor somente vi;
Na morte, a grande dor que me ficou.
Parece que para isto só nasci!

Que vençais no Oriente tantos reis,
Que de novo nos deis da Índia o Estado,
Que escureçais a fama que ganhado
Tinham os que a ganharam a infiéis;

Que do tempo tenhais vencido as leis,
Que tudo, enfim, vençais com tempo armado,
Mais é vencer na Pátria, desarmado,
Os monstros e as quimeras que venceis.

E assim, sobre vencerdes tanto inimigo,
E por armas fazer que, sem segundo,
Vosso nome no mundo ouvido seja,

O que vos dá mais nome inda no mundo
É vencerdes, Senhor, no Reino amigo,
Tantas ingratidões, tão grande inveja!

Quem diz que Amor é falso ou enganoso,
Ligeiro, ingrato, vão, desconhecido,
Sem falta lhe terá bem merecido
Que lhe seja cruel, ou rigoroso.

Amor é brando, é doce e é piedoso.
Quem o contrário diz não seja crido,
Seja por cego e apaixonado tido,
E aos homens, e inda aos deuses, odioso.

Se males faz Amor, em mim se veem;
Em mim mostrando todo o seu rigor,
Ao mundo quis mostrar quanto podia.

Mas todas as suas iras são de Amor;
Todos estes seus males são um bem,
Que eu por outro bem não trocaria.

———

Quem fosse acompanhando juntamente
Por esses verdes campos a avezinha,
Que, depois de perder um bem que tinha,
Não sabe mais que coisa é ser contente!

E quem fosse apartando-se da gente,
Ela, por companheira e por vizinha,
Me ajudasse a chorar a pena minha,
E eu a ela também a que ela sente!

Ditosa ave! Que ao menos, se a natura
A seu primeiro bem não dá segundo,
Dá-lhe o ser triste a seu contentamento.

Mas triste quem de longe quis ventura
Que para respirar lhe falte o vento,
E para tudo, enfim, lhe falte o mundo!

Quem jaz no grão sepulcro, que descreve
Tão ilustres sinais no forte escudo?
– Ninguém; que nisso, enfim, se torna tudo;
Mas foi quem tudo pôde e tudo teve.

– Foi rei? – Fez tudo quanto a Rei se deve;
Pôs na guerra e na paz devido estudo.
Mas quão pesado foi ao Mouro rudo
Tanto lhe seja agora a terra leve.

– Alexandre será? – Ninguém se engane;
Que sustentar, mais que adquirir se estima.
– Será Adriano, grão senhor do Mundo?

– Mais observante foi da Lei de cima.
– É Numa? – Numa não, mas é Joane
De Portugal, terceiro sem segundo.

Quem pode livre ser, gentil Senhora,
Vendo-vos com juízo sossegado,
Se o menino que de olhos é privado
Nas meninas dos vossos olhos mora?

Ali manda, ali reina, ali namora,
Ali vive das gentes venerado
Que o vivo lume, e o rosto delicado,
Imagens são adonde Amor se adora.

Quem vê que em branca neve nascem rosas
Que crespos fios de ouro vão cercando,
Se por entre esta luz a vista passa,

Raios de ouro verá, que as desejosas
Almas estão no peito traspassando,
Assim como um cristal o sol traspassa.

Quem presumir, Senhora, de louvar-vos
Com humano saber, e não divino,
Ficará de tamanha culpa digno
Que o amanhã ficais sendo em contemplar-vos.

Não pretenda ninguém de louvor dar-vos,
Por mais que raro seja, e peregrino:
Que vossa formosura eu imagino
Que Deus a ele só quis comparar-vos.

Ditosa esta alma vossa, que quisestes
Em posse pôr de prenda tão subida,
Como, Senhora, foi a que me destes.

Melhor a guardarei que a própria vida;
Que, pois mercê tamanha me fizestes,
De mim será jamais nunca esquecida.

Quem puder julgar de vós, Senhora,
Que com tal fé podia assim perder-vos,
E vir eu por amor a aborrecer-vos?
Que hei de fazer sem vós somente uma hora?

Deixastes quem vos ama e vos adora,
Tomastes quem quiçá não sabe ver-vos.
Eu fui o que não soube merecer-vos,
E tudo entendo e choro, triste, agora.

Nunca soube entender vossa vontade,
Nem a minha mostrar-vos verdadeira,
Inda que clara estava esta verdade.

Em mim viverá ela sempre inteira;
E se para perder já a vida é tarde,
A morte não fará que vos não queira.

Quem quiser ver do amor uma excelência
Onde sua fineza mais se apura,
Atente onde me põe minha ventura,
Porque de minha fé faça experiência.

Onde lembranças mata a larga ausência,
Em temeroso mar, em guerra dura,
A saudade ali está mais segura,
Quando risco maior corre a paciência.

Mas ponha-me a Fortuna e o duro Fado
Em morte, ou nojo, ou dano, ou perdição
Ou em sublime e próspera ventura;

Ponha-me, enfim, em baixo ou alto estado;
Que até na dura morte me acharão
Na língua o nome, e na alma a vista pura.

―――

Quem vê, Senhora, claro e manifesto
O lindo ser de vossos olhos belos,
Se não perder a vista só com vê-los,
Já não paga o que deve a vosso gesto.

Este me parecia preço honesto;
Mas eu, por de vantagem merecê-los,
Dei mais a vida e alma por querê-los,
Donde já me não fica mais de resto.

Assim que alma, que vida, que esperança,
E que quanto for meu é tudo vosso:
Mas de tudo o interesse eu só o levo;

Porque é tamanha a bem-aventurança
O dar-vos quanto tenho e quanto posso,
Que quanto mais vos pago, mais vos devo.

Quem vos levou de mim, saudoso estado,
Que tanta sem-razão comigo usastes?
Quem foi por quem tão presto me negastes,
Esquecido de todo o bem passado?

Trocastes-me um descanso em um cuidado
Tão duro, tão cruel qual me ordenastes;
A fé que tínheis dado me negastes,
Quando mais nela estava confiado.

Vivia sem receio deste mal.
Fortuna, que tem tudo à sua mercê,
Amor com desamor me revolveu

Bem sei que neste caso nada vale,
Que quem nasceu chorando, justo é
Que pague com chorar o que perdeu.

Se a Fortuna inquieta e mal olhada,
Que a justa lei do Céu consigo infama,
A vida quieta, que ela mais desama,
Me concedera, honesta e repousada,

Pudera ser que a Musa, alevantada
Com luz de mais ardente e viva flama,
Fizera ao Tejo, lá na pátria cama,
Adormecer com o som da lira amada.

Porém, pois o destino trabalhoso,
Que me escurece a Musa fraca e lassa,
Louvor de tanto preço não sustenta,

A vossa, de louvar-me pouco escassa,
Outro sujeito busque valeroso,
Tal qual em vós ao mundo se apresenta.

Se a ninguém tratais com desamor,
Antes a todos tendes afeição,
E se a todos mostrais um coração
Cheio de mansidão, cheio de amor;

Desde hoje me tratai com desfavor,
Mostrai-me um ódio esquivo, uma isenção;
Poderei acabar de crer então
Que somente a mim me dais favor

Que, se tratais a todos brandamente,
Claro é que aquele é só favorecido
A quem mostrais irado o continente.

Mal poderei eu ser de vós querido,
Se tendes outro amor na alma presente,
Que amor é um, não pode ser partido.

Se as penas com que Amor tão mal me trata
Permitirem que tanto viva delas,
Que veja escuro o lume das estrelas
Em cuja vista o meu se acende e mata;

E se o tempo, que tudo desbarata,
Secar as frescas rosas sem colhê-las,
Mostrando a linda cor das tranças belas
Mudada de ouro fino em bela prata;

Vereis, Senhora, então também mudado
O pensamento e aspereza vossa,
Quando não sirva já sua mudança.

Suspirareis então pelo passado,
Em tempo quando executar-se possa
Em vosso arrepender minha vingança.

Se com desprezos, Ninfa, te parece
Que podes desviar do seu cuidado
Um coração constante, que se oferece
A ter por glória o ser atormentado,

Deixa a tua porfia, e reconhece
Que mal sabes de amor desenganado,
Pois não sentes, nem vês que em teu mal cresce,
Crescendo em mim, de ti mais desamado.

O esquivo desamor com que me tratas
Converte em piedade, se não queres
Que cresça o meu querer em teu desgosto.

Vencer-me com cruezas nunca esperes;
Bem me podes matar, e bem me matas;
Mas sempre há de viver meu pressuposto.

———

Se de vosso formoso e lindo gesto
Nasceram lindas flores para os olhos,
Que para o peito são duros abrolhos,
Em mim se vê, mui claro e manifesto,

Pois vossa formosura e vulto honesto
Em os ver, de boninas vi mil molhos;
Mas se meu coração tivera antolhos,
Não vira em vós seu dano e mal funesto.

Um mal visto por bem, um bem tristonho,
Que me traz elevado o pensamento
Em mil, porém diversas, fantasias.

Nas quais eu sempre ando e sempre sonho,
E vós não cuidais mais que em meu tormento
Em que fundais as vossas alegrias.

Se em mim, ó Alma, vive mais lembrança
Que aquela só da glória de querer-vos,
Eu perca todo o bem que logro em ver-vos,
E de ver-vos também toda a esperança.

Veja-se em mim tão rústica esquivança,
Que possa indigno ser de conhecer-vos;
E quando em maior empenho de aprazer-vos,
Vós ofenda, se em mim houver mudança.

Confirmado estou já nesta certeza;
Examine-me vossa crueldade,
Experimente-se em mim vossa dureza.

Conhecei já de mim tanta verdade,
Pois, em penhor e fé desta pureza,
Tributo vos fiz ser o que é vontade.

Se me vem tanta glória só de olhar-te,
É pena desigual deixar de ver-te;
Se presumo com obras merecer-te,
Grã paga de um engano é desejar-te.

Se aspiro por quem és a celebrar-te,
Sei certo por quem sou que hei de ofender-te;
Se mal me quero a mim por bem querer-te,
Que prêmio querer posso mais que amar-te?

Por que um tão raro amor não me socorre?
Ó humano tesouro! Ó doce glória!
Ditoso quem à morte por ti corre!

Sempre escrita estarás nesta memória;
E esta alma viverá, pois por ti morre,
Porque ao fim da batalha é a vitória.

Se pena por amar-vos se merece,
Quem dela estará livre? Quem isento?
E que alma, que razão, que entendimento
No instante em que vos vê não obedece?

Qual maior glória na vida se oferece
Que a de ocupar-se em vós o pensamento?
Não só todo o rigor, todo tormento
Como ver-vos não magoa, mas se esquece.

Porém, se heis de matar a quem, amando,
Ser vosso de amor tanto só pretende,
O mundo matareis, que tudo é vosso.

Em mim podeis, senhora, ir começando,
Pois bem claro se mostra e bem se entende
Amar-vos quanto devo e quanto posso.

———

Se quando vos perdi, minha esperança,
A memória perdera juntamente
Do doce bem passado e mal presente,
Pouco sentira a dor de tal mudança;

Mas Amor, em quem tinha confiança,
Me representa mui miudamente
Quantas vezes me vi ledo e contente,
Por me tirar a vida esta lembrança.

De coisas de que apenas um sinal
Havia, porque as dei ao esquecimento,
Me vejo com memórias perseguido.

Ah, dura estrela minha! Ah, grão tormento!
Que mal pode ser maior, que no meu mal
Ter lembranças do bem que é já fugido?

Se tanta pena tenho merecida
Em pago de sofrer tantas durezas,
Provai, Senhora, em mim vossas cruezas,
Que aqui tendes uma alma oferecida.

Nela experimentai, se sois servida,
Desprezos, desfavores e asperezas;
Que maiores sofrimentos e firmezas
Sustentarei na guerra desta vida.

Mas contra vossos olhos quais serão?
Forçado é que tudo se lhe renda;
Mas porei por escudo o coração.

Porque, em tão dura e áspera contenda,
É bem que, pois não acho defensão,
Com me meter nas lanças me defenda.

———

Se tomar minha pena em penitência
Do erro em que caiu o pensamento,
Não abranda, mas dobra meu tormento,
A isto e a mais obriga a paciência.

E se uma cor de morto na aparência,
Um espalhar suspiros vãos ao vento,
Em vós não faz, Senhora, movimento,
Fique meu mal em vossa consciência.

E se de qualquer áspera mudança
Toda a vontade isenta Amor castiga,
Como eu vi bem no mal que me condena,

E se em vós não se entende haver vingança,
Será forçado, pois Amor me obriga,
Que eu só de vossa culpa pague a pena.

Se, depois de esperança tão perdida,
Amor pela ventura consentisse
Que inda alguma hora breve alegre visse
De quantas tristes viu tão longa vida;

Uma alma já tão fraca e tão caída,
Por mais alto que a sorte me subisse,
Não tenho para mim que consentisse
Alegria tão tarde consentida.

Não tão somente Amor me não mostrou
Uma hora em que vivesse alegremente,
De quantas nesta vida me negou;

Mas inda tanta pena me consente
Que com o contentamento me tirou
O gosto de alguma hora ser contente.

———

Seguia aquele fogo, que o guiava,
Leandro, contra o mar e contra o vento;
As forças lhe faltavam já, e o alento;
Amor lhos refazia e renovava.

Depois que viu que a alma lhe faltava,
Não esmorece, mas, no pensamento,
Que a língua já não pode, seu intento
Ao mar que lho cumprisse, encomendava.

– Ó mar – dizia o moço só consigo –
Já te não peço a vida; só queria
Que a de Hero me salvasses; não me veja.

Este meu corpo morto lá o desvia
Daquela torre. Sê-me nisto amigo,
Pois no meu maior bem me houveste inveja!

Sempre a Razão vencida foi de Amor;
Mas, porque assim o pedia o coração,
Quis Amor ser vencido da Razão.
Ora que caso pode haver maior!

Novo modo de morte e nova dor!
Estranheza de grande admiração,
Que perde suas forças a afeição,
Por que não perca a pena o seu rigor!

Pois nunca houve fraqueza no querer,
Mas antes muito mais se esforça assim
Um contrário com outro por vencer.

Mas a Razão, que a luta vence, enfim,
Não creio que é Razão; mas há de ser
Inclinação que eu tenho contra mim.

———

Sempre, cruel Senhora, receei,
Medindo vossa grã desconfiança,
Que desse em desamor vossa tardança,
E que me perdesse eu, pois vos amei.

Perca-se, enfim, já tudo o que esperei,
Pois noutro amor já tendes esperança.
Tão patente será vossa mudança,
Quando eu encobri sempre o que vos dei.

Dei-vos a alma, a vida e o sentido;
De tudo o que em mim há vos fiz Senhora
Prometeis e negais o mesmo Amor.

Agora tal estou que, de perdido,
Não sei por onde vou, mas alguma hora
Vos dará tal lembrança grande dor.

Senhor João Lopes, o meu baixo estado
Ontem vi posto em grau tão excelente,
Que vós que sois inveja a toda a gente,
Só por mim vos quiséreis ver trocado.

Vi o gesto suave e delicado,
Que já vos fez contente e descontente,
Lançar ao vento a voz tão docemente,
Que fez o ar sereno e sossegado.

Vi-lhe em poucas palavras dizer quanto
Ninguém diria em muitas; eu só, cego,
Magoado fiquei na doce fala.

Mas mal haja a Fortuna e o moço cego!
Um, porque os corações obriga a tanto;
Outra, porque os estados desiguala.

―――

Senhora já desta alma, perdoai
De um vencido de Amor os desatinos,
E sejam vossos olhos tão benignos
Com este puro amor, que da alma sai.

A minha pura fé somente olhai,
E vede meus extremos se são finos;
E, se de alguma pena forem dignos,
Em mim, Senhora minha, vos vingai.

Não seja a dor que abrasa o triste peito
Causa por onde pene o coração,
Que tanto em firme amor vos é sujeito.

Guardai-vos do que alguns, Dama, dirão
– Que, sendo raro em tudo vosso objeito
Possa morar em vós ingratidão.

Senhora minha, se de pura inveja
Amor me tolhe a vista delicada,
A cor, de rosa e neve semeada,
E dos olhos a luz que o Sol deseja,

Não me pode tolher que vos não veja
Nesta alma, que ele mesmo vos tem dada,
Onde vos terei sempre debuxada,
Por mais cruel inimigo que me seja.

Nela vos vejo, e vejo que não nasce
Em belo e fresco prado deleitoso
Senão flor que dá cheiro a toda a serra.

Os lírios tendes numa e noutra face.
Ditoso quem vos vir, mas mais ditoso
Quem os tiver, se há tanto bem na terra!

Sentindo-se alcançada a bela esposa
De Céfalo no crime consentido,
Para os montes fugia do marido;
E não sei se de astuta, ou vergonhosa.

Porque ele, enfim, sofrendo a dor ciosa
Da cegueira obrigado por Cupido,
Após ela se vai como perdido,
Já perdoando a culpa criminosa.

Deita-se aos pés da ninfa endurecida,
Que do cioso engano está agravada;
Já lhe pede perdão, já pede a vida.

Oh, força da afeição desatinada!
Que da culpa contra ele cometida
Perdão pedia à parte que é culpada.

Suspiros inflamados, que cantais
A tristeza com que eu vivi tão cedo,
Eu morro e não vos levo, porque hei medo
Que ao passar do Lete, vos percais.

Escritos para sempre já ficais
Onde vos mostrarão todos com o dedo,
Como exemplo de males; e eu concedo
Que para aviso de outros estejais.

Em quem, pois, virdes falsas esperanças
De Amor e da Fortuna, cujos danos
Alguns terão por bem-aventuranças.

Dizei-lhe que os servistes muitos anos,
E que em Fortuna tudo são mudanças,
E que em Amor não há senão enganos.

―――

Sustenta meu viver uma esperança
Derivada de um bem tão desejado,
Que quando nela estou mais confiado,
Maior dúvida me põe qualquer mudança.

E quando inda este bem na maior pujança
De seus gostos me tem mais enlevado,
Me atormenta então ver eu que alcançado
Será por quem de vós não tem lembrança.

Assi que, nestas redes enlaçado,
Apenas dou a vida, sustentando
Uma nova matéria a meu cuidado:

Suspiros de alma triste arrancando,
Dos silvos duma pedra acompanhado,
Estou matérias tristes lamentando.

Tal mostra dá de si vossa figura,
Sibela, clara luz da redondeza,
Que as forças e o poder da Natureza
Com sua claridade mais apura.

Quem viu uma confiança tão segura,
Tão singular esmalte da beleza,
Que não padeça mais, se ter defesa
Contra vossa gentil vista procura?

Eu, pois, por escusar essa esquivança,
A razão sujeitei ao pensamento,
Que rendida os sentidos lhe entregaram.

Se vos ofende o meu atrevimento,
Inda podeis tomar nova vingança
Nas relíquias da vida que escaparam.

———

Tanto de meu estado me acho incerto,
Que em vivo ardor tremendo estou de frio;
Sem causa juntamente choro e rio,
O mundo todo abarco, e nada aperto.

É tudo quanto sinto um desconcerto:
Da alma um fogo me sai, da vida um rio;
Agora espero, agora desconfio,
Agora desvario, agora acerto.

Estando em terra, chego ao céu voando;
Numa hora acho mil anos, e é de jeito
Que em mil anos não posso achar uma hora.

Se me pergunta alguém por que assim ando
Respondo que não sei; porém suspeito
Que só porque vos vi, minha Senhora.

Tempo é já que minha confiança
Se desça de sua falsa opinião;
Mas se Amor se não rege por razão
Não posso perder, logo, a esperança.

A vida sim; que uma áspera mudança
Não deixa viver tanto um coração,
E eu na morte tenho a salvação:
Sim; mas quem a deseja não a alcança.

Forçado é, logo, que eu espere e viva.
Ah, dura lei de Amor, que não consente
Quietação numa alma que é cativa!

Se hei de viver, enfim, forçadamente,
Para que quero a glória fugitiva
De uma esperança vã que me atormente?

Todas as almas tristes se mostravam
Pela piedade do Feitor divino,
Onde, ante o aspecto seu benigno,
O devido tributo lhe pagavam.

Meus sentidos então livre estavam.
Que até aí foi costume o seu destino,
Quando uns olhos, de que eu não era digno,
A furto da Razão me salteavam.

A nova vista me cegou de todo;
Nasceu do descostume a estranheza
Da suave e angélica presença.

Para remediar-me não há aí modo?
Oh! porque fez a humana natureza
Entre os nascidos tanta diferença?

Todo o animal da calma repousava,
Só Liso o ardor dela não sentia;
Que o repouso do fogo em que ardia
Consistia na Ninfa que buscava.

Os montes parecia que abalava
O triste som das mágoas que dizia;
Mas nada o duro peito comovia,
Que na vontade de outrem posto estava.

Cansado já de andar pela espessura,
No tronco de uma faia, por lembrança,
Escreve estas palavras de tristeza:

"Nunca ponha ninguém sua esperança
Em peito feminil, que de natura
Somente em ser mudável tem firmeza".

———

Tomava Daliana por vingança
Da culpa do pastor que tanto amava,
Casar com Gil, vaqueiro; e em si vingava
O erro alheio e pérfida esquivança.

A discrição segura, a confiança,
As rosas que seu rosto debuxava,
O descontentamento lhas secava,
Que tudo muda uma áspera mudança.

Gentil planta, disposta em seca terra,
Lindo fruto de dura mão colhido,
Lembranças de outro amor e fé perjura,

Tornaram verde prado em dura serra:
Interesse enganoso, amor fingido,
Fizeram desditosa a formosura.

Tomou-me vossa vista soberana
Adonde tinha as armas mais à mão,
Por mostrar a quem busca defensão
Contra esses belos olhos, que se engana.

Por ficar da vitória mais ufana,
Deixou-me armar primeiro da razão;
Bem salvar-me cuidei, mas foi em vão,
Que contra o céu não val defensa humana.

Contudo, se vos tinha prometido
O vosso alto destino esta vitória,
Ser-vos ela bem pouca está entendido,

Pois, inda que eu me achasse apercebido,
Não levais de vencer-me grande glória,
Eu a levo maior de ser vencido.

———

Tornai essa brancura à alva açucena,
E essa purpúrea cor às puras rosas;
Tornai ao Sol as chamas luminosas
Dessa vista que a roubos vos condena.

Tornai à suavíssima sirena
Dessa voz as cadências deleitosas;
Tornai a graça às Graças, que queixosas
Estão de a ter por vós menos serena;

Tornai à bela Vênus a beleza;
A Minerva o saber, o engenho e arte;
E a pureza à castíssima Diana.

Despojai-vos de toda essa grandeza
De dons; e ficareis em toda a parte
Convosco mesma, que é só ser inumana.

Transforma-se o amador na coisa amada,
Por virtude do muito imaginar;
Não tenho, logo, mais que desejar,
Pois em mim tenho a parte desejada.

Se nela está minha alma transformada,
Que mais deseja o corpo de alcançar?
Em si somente pode descansar,
Pois com ele tal alma está liada.

Mas esta linda e pura semideia,
Que, como o acidente em seu sujeito,
Assim com a alma minha se conforma,

Está no pensamento como ideia;
E o vivo e puro amor de que sou feito,
Como a matéria simples busca a forma.

———

Transunto sou, Senhora, neste engano.
Tratar dele comigo é escusado,
Que mal pode de vós ser enganado
Quem de outras como vós tem desengano.

Já sei que foi à custa de meu dano
Que só no doce dar tendes cuidado;
Mas para como eu sou de vós julgado,
Mui vãs são as esperanças deste ano.

Tratei grão tempo o Amor, e daqui veio
Conhecer o fingido facilmente,
Que tal é, gentil Dama, o que mostrais.

De treslida caístes neste enleio;
Querei de mim o que eu quiser boamente,
Que no al a costa arriba caminhais.

Um firme coração posto em ventura;
Um desejar honesto, que se enjeite
De vossa condição, sem que respeite
A meu tão puro amor, a fé tão pura;

Um ver-vos de piedade e de brandura
Sempre inimiga, faz-me que suspeite
Se alguma hircana fera vos deu leite,
Ou se nascestes de uma pedra dura.

Ando buscando causa, que desculpe
Crueza tão estranha; porém quanto
Nisso trabalho mais, mais mal me trata.

De onde vem, que não há quem nos não culpe;
A vós, porque matais quem vos quer tanto,
A mim, por querer tanto a quem me mata.

Um mover de olhos, brando e piedoso,
Sem ver de quê; um riso brando e honesto,
Quase forçado; um doce e humilde gesto,
De qualquer alegria duvidoso;

Um despejo quieto e vergonhoso;
Um repouso gravíssimo e modesto;
Uma pura bondade, manifesto
Indício da alma, limpo e gracioso;

Um encolhido ousar; uma brandura;
Um medo sem ter culpa; um ar sereno;
Um longo e obediente sofrimento:

Esta foi a celeste formosura
Da minha Circe, e o mágico veneno
Que pôde transformar meu pensamento.

Uma admirável erva se conhece
Que vai ao Sol seguindo, de hora em hora,
Logo que ele do Eufrates se vê fora,
E, quando está mais alto, então floresce.

Mas, quando ao Oceano o carro desce,
Toda a sua beleza perde Flora,
Porque ela se emurchece e se descora;
Tanto com a luz ausente se entristece!

Meu Sol, quando alegrais esta alma vossa,
Mostrando-lhe esse rosto que dá vida,
Cria flores em seu contentamento;

Mas logo em não vos vendo, entristecida
Se murcha e se consome em grão tormento.
Nem há quem vossa ausência sofrer possa.

———

Vencido está de amor meu pensamento,
O mais que pode ser vencida a vida,
Sujeita a vos servir e instituída,
Oferecendo tudo a vosso intento.

Contente deste bem, louva o momento
Ou hora em que se viu tão bem perdida;
Mil vezes desejando a tal ferida,
Outra vez renovar seu perdimento.

Com esta pretensão está segura
A causa que me guia nesta empresa,
Tão sobrenatural, honrosa e alta,

Jurando não seguir outra ventura,
Votando só por vós rara firmeza,
Ou ser no vosso amor achado em falta.

Verdade, Amor, Razão, Merecimento
Qualquer alma farão segura e forte,
Porém, Fortuna, Caso, Tempo e Sorte
Têm do confuso mundo o regimento.

Efeitos mil revolve o pensamento,
E não sabe a que causa se reporte;
Mas sabe que o que é mais vida e morte
Que não o alcança humano entendimento.

Doutos varões darão razões subidas;
Mas são experiências mais provadas,
E por isto é melhor ter muito visto.

Coisas há aí que passam sem ser cridas,
E coisas cridas há sem ser passadas.
Mas o melhor de tudo é crer em Cristo.

―――

Vós outros que buscais repouso certo
Na vida, com diversos exercícios;
A quem, vendo do mundo os benefícios,
O regimento seu está encoberto;

Dedicai, se quereis, ao Desconcerto
Novas honras e cegos sacrifícios;
Que, por castigo igual de antigos vícios,
Quer Deus que andem as coisas por acerto

Não caiu neste modo de castigo
Quem pôs culpa à Fortuna, quem somente
Crê que acontecimentos há no Mundo.

A grande experiência é grão perigo;
Mas o que a Deus é justo e evidente
Parece injusto aos homens, e profundo.

Vós que escutais em rimas derramado
Dos suspiros o som que me alentava
Na juvenil idade, quando andava
Em outro, em parte do que sou mudado;

Sabei que busca só do já cantado
No tempo em que ou temia ou esperava,
De quem o mal provou, que eu tanto amava,
Piedade, e não perdão, o meu cuidado.

Pois vejo que tamanho sentimento
Só me rendeu ser fábula da gente
(Do que comigo mesmo me envergonho),

Sirva de exemplo claro meu tormento,
Com que todos conheçam claramente
Que quanto ao mundo apraz é breve sonho.

―――――

Vós que, de olhos suaves e serenos,
Com justa causa a vida cativais,
E que os outros cuidados condenais
Por indevidos, baixos e pequenos,

Se inda do Amor domésticos venenos
Nunca provastes, quero que saibais
Que é tanto mais o amor depois que amais,
Quanto são mais as causas de ser menos.

E não cuide ninguém que algum defeito,
Quando na cousa amada se apresenta,
Possa diminuir o amor perfeito;

Antes o dobra mais; e, se atormenta,
Pouco e pouco o desculpa o brando peito;
Que Amor com seus contrários se acrescenta.

Vós, ninfas da gangética espessura,
Cantai suavemente, em voz sonora,
Um grande capitão que a roxa Aurora
Dos filhos defendeu da Noite escura.

Ajuntou-se a caterva negra e dura,
Que na Áurea Quersoneso afoita mora,
Para lançar do caro ninho fora
Aqueles que mais podem que a Ventura.

Mas um forte Leão, com pouca gente,
A multidão tão fera como néscia
Destruindo, castiga e torna fraca.

Pois, ó ninfas, cantai! que claramente
Mais do que Leonidas fez em Grécia,
O nobre Leonis fez em Malaca!

———

Vossos olhos, Senhora, que competem
Com o sol em beleza e claridade,
Enchem os meus de tal suavidade,
Que em lágrimas de vê-los se derretem.

Meus sentidos prostrados se submetem
Assim cegos a tanta majestade;
E da triste prisão, da escuridade,
Cheios de medo, por fugir, remetem.

Porém se então me vedes com acerto,
Esse áspero desprezo com que olhais
Me torna a animar a alma enfraquecida.

Oh, gentil cura! Oh, estranho desconcerto!
Que dareis com um favor que vós não dais,
Quando com um desprezo me dais vida?

Coleção **L&PM** POCKET

600. Crime e castigo – Dostoiévski
601. Mistério no Caribe – Agatha Christie
602. Odisseia (2): Regresso – Homero
603. Piadas para sempre (2) – Visconde da Casa Verde
604. À sombra do vulcão – Malcolm Lowry
605(8). Kerouac – Yves Buin
606. E agora são cinzas – Angeli
607. As mil e uma noites – Paulo Caruso
608. Um assassino entre nós – Ruth Rendell
609. Crack-up – F. Scott Fitzgerald
610. Do amor – Stendhal
611. Cartas do Yage – William Burroughs e Allen Ginsberg
612. Striptiras (2) – Laerte
613. Henry & June – Anaïs Nin
614. A piscina mortal – Ross Macdonald
615. Geraldão (2) – Glauco
616. Tempo de delicadeza – A. R. de Sant'Anna
617. Tiros na noite 2: Medo de tiro – Dashiell Hammett
618. Snoopy em Assim é a vida, Charlie Brown! (3) – Schulz
619. 1954 – Um tiro no coração – Hélio Silva
620. Sobre a inspiração poética (Íon) e ... – Platão
621. Garfield e seus amigos (8) – Jim Davis
622. Odisseia (3): Ítaca – Homero
623. A louca matança – Chester Himes
624. Factótum – Bukowski
625. Guerra e Paz: volume 1 – Tolstói
626. Guerra e Paz: volume 2 – Tolstói
627. Guerra e Paz: volume 3 – Tolstói
628. Guerra e Paz: volume 4 – Tolstói
629(9). Shakespeare – Claude Mourthé
630. Bem está o que bem acaba – Shakespeare
631. O contrato social – Rousseau
632. Geração Beat – Jack Kerouac
633. Snoopy: É Natal! (4) – Charles Schulz
634. Testemunha da acusação – Agatha Christie
635. Um elefante no caos – Millôr Fernandes
636. Guia de leitura (100 autores que você precisa ler) – Organização de Léa Masina
637. Pistoleiros também mandam flores – David Coimbra
638. O prazer das palavras – vol. 1 – Cláudio Moreno
639. O prazer das palavras – vol. 2 – Cláudio Moreno
640. Novíssimo testamento: com Deus e o diabo, a dupla da criação – Iotti
641. Literatura Brasileira: modos de usar – Luís Augusto Fischer
642. Dicionário de Porto-Alegrês – Luís A. Fischer
643. Clô Dias & Noites – Sérgio Jockymann
644. Memorial de Isla Negra – Pablo Neruda
645. Um homem extraordinário e outras histórias – Tchékhov
646. Ana sem terra – Alcy Cheuiche
647. Adultérios – Woody Allen
651. Snoopy: Posso fazer uma pergunta, professora? (5) – Charles Schulz
652(10). Luís XVI – Bernard Vincent
653. O mercador de Veneza – Shakespeare
654. Cancioneiro – Fernando Pessoa
655. Non-Stop – Martha Medeiros
656. Carpinteiros, levantem bem alto a cumeeira & Seymour, uma apresentação – J.D.Salinger
657. Ensaios céticos – Bertrand Russell
658. O melhor de Hagar 5 – Dik e Chris Browne
659. Primeiro amor – Ivan Turguêniev
660. A trégua – Mario Benedetti
661. Um parque de diversões da cabeça – Lawrence Ferlinghetti
662. Aprendendo a viver – Sêneca
663. Garfield, um gato em apuros (9) – Jim Davis
664. Dilbert (1) – Scott Adams
666. A imaginação – Jean-Paul Sartre
667. O ladrão e os cães – Naguib Mahfuz
669. A volta do parafuso *seguido de* **Daisy Miller** – Henry James
670. Notas do subsolo – Dostoiévski
671. Abobrinhas da Brasilônia – Glauco
672. Geraldão (3) – Glauco
673. Piadas para sempre (3) – Visconde da Casa Verde
674. Duas viagens ao Brasil – Hans Staden
676. A arte da guerra – Maquiavel
677. Além do bem e do mal – Nietzsche
678. O coronel Chabert *seguido de* **A mulher abandonada** – Balzac
679. O sorriso de marfim – Ross Macdonald
680. 100 receitas de pescados – Sílvio Lancellotti
681. O juiz e seu carrasco – Friedrich Dürrenmatt
682. Noites brancas – Dostoiévski
683. Quadras ao gosto popular – Fernando Pessoa
685. Kaos – Millôr Fernandes
686. A pele de onagro – Balzac
687. As ligações perigosas – Choderlos de Laclos
689. Os Lusíadas – Luís Vaz de Camões
690(11). Átila – Éric Deschodt
691. Um jeito tranquilo de matar – Chester Himes
692. A felicidade conjugal *seguido de* **O diabo** – Tolstói
693. Viagem de um naturalista ao redor do mundo – vol. 1 – Charles Darwin
694. Viagem de um naturalista ao redor do mundo – vol. 2 – Charles Darwin
695. Memórias da casa dos mortos – Dostoiévski
696. A Celestina – Fernando de Rojas
697. Snoopy: Como você é azarado, Charlie Brown! (6) – Charles Schulz
698. Dez (quase) amores – Claudia Tajes
699. Poirot sempre espera – Agatha Christie
701. Apologia de Sócrates *precedido de* **Êutifron** e *seguido de* **Críton** – Platão

702. **Wood & Stock** – Angeli
703. **Striptiras (3)** – Laerte
704. **Discurso sobre a origem e os fundamentos da desigualdade entre os homens** – Rousseau
705. **Os duelistas** – Joseph Conrad
706. **Dilbert (2)** – Scott Adams
707. **Viver e escrever** (vol. 1) – Edla van Steen
708. **Viver e escrever** (vol. 2) – Edla van Steen
709. **Viver e escrever** (vol. 3) – Edla van Steen
710. **A teia da aranha** – Agatha Christie
711. **O banquete** – Platão
712. **Os belos e malditos** – F. Scott Fitzgerald
713. **Libelo contra a arte moderna** – Salvador Dalí
714. **Akropolis** – Valerio Massimo Manfredi
715. **Devoradores de mortos** – Michael Crichton
716. **Sob o sol da Toscana** – Frances Mayes
717. **Batom na cueca** – Nani
718. **Vida dura** – Claudia Tajes
719. **Carne trêmula** – Ruth Rendell
720. **Cris, a fera** – David Coimbra
721. **O anticristo** – Nietzsche
722. **Como um romance** – Daniel Pennac
723. **Emboscada no Forte Bragg** – Tom Wolfe
724. **Assédio sexual** – Michael Crichton
725. **O espírito do Zen** – Alan W. Watts
726. **Um bonde chamado desejo** – Tennessee Williams
727. **Como gostais** *seguido de* **Conto de inverno** – Shakespeare
728. **Tratado sobre a tolerância** – Voltaire
729. **Snoopy: Doces ou travessuras? (7)** – Charles Schulz
730. **Cardápios do Anonymus Gourmet** – J.A. Pinheiro Machado
731. **100 receitas com lata** – J.A. Pinheiro Machado
732. **Conhece o Mário?** vol.2 – Santiago
733. **Dilbert (3)** – Scott Adams
734. **História de um louco amor** *seguido de* **Passado amor** – Horacio Quiroga
735. (11). **Sexo: muito prazer** – Laura Meyer da Silva
736. (12). **Para entender o adolescente** – Dr. Ronald Pagnoncelli
737. (13). **Desembarcando a tristeza** – Dr. Fernando Lucchese
738. **Poirot e o mistério da arca espanhola & outras histórias** – Agatha Christie
739. **A última legião** – Valerio Massimo Manfredi
741. **Sol nascente** – Michael Crichton
742. **Duzentos ladrões** – Dalton Trevisan
743. **Os devaneios do caminhante solitário** – Rousseau
744. **Garfield, o rei da preguiça (10)** – Jim Davis
745. **Os magnatas** – Charles R. Morris
746. **Pulp** – Charles Bukowski
747. **Enquanto agonizo** – William Faulkner
748. **Aline: viciada em sexo (3)** – Adão Iturrusgarai
749. **A dama do cachorrinho** – Anton Tchékhov
750. **Tito Andrônico** – Shakespeare
751. **Antologia poética** – Anna Akhmátova
752. **O melhor de Hagar 6** – Dik e Chris Browne
753. (12). **Michelangelo** – Nadine Sautel
754. **Dilbert (4)** – Scott Adams
755. **O jardim das cerejeiras** *seguido de* **Tio Vânia** – Tchékhov
756. **Geração Beat** – Claudio Willer
757. **Santos Dumont** – Alcy Cheuiche
758. **Budismo** – Claude B. Levenson
759. **Cleópatra** – Christian-Georges Schwentzel
760. **Revolução Francesa** – Frédéric Bluche, Stéphane Rials e Jean Tulard
761. **A crise de 1929** – Bernard Gazier
762. **Sigmund Freud** – Edson Sousa e Paulo Endo
763. **Império Romano** – Patrick Le Roux
764. **Cruzadas** – Cécile Morrisson
765. **O mistério do Trem Azul** – Agatha Christie
768. **Senso comum** – Thomas Paine
769. **O parque dos dinossauros** – Michael Crichton
770. **Trilogia da paixão** – Goethe
773. **Snoopy: No mundo da lua! (8)** – Charles Schulz
774. **Os Quatro Grandes** – Agatha Christie
775. **Um brinde de cianureto** – Agatha Christie
776. **Súplicas atendidas** – Truman Capote
779. **A viúva imortal** – Millôr Fernandes
780. **Cabala** – Roland Goetschel
781. **Capitalismo** – Claude Jessua
782. **Mitologia grega** – Pierre Grimal
783. **Economia: 100 palavras-chave** – Jean-Paul Betbèze
784. **Marxismo** – Henri Lefebvre
785. **Punição para a inocência** – Agatha Christie
786. **A extravagância do morto** – Agatha Christie
787. (13). **Cézanne** – Bernard Fauconnier
788. **A identidade Bourne** – Robert Ludlum
789. **Da tranquilidade da alma** – Sêneca
790. **Um artista da fome** *seguido de* **Na colônia penal e outras histórias** – Kafka
791. **Histórias de fantasmas** – Charles Dickens
796. **O Uraguai** – Basílio da Gama
797. **A mão misteriosa** – Agatha Christie
798. **Testemunha ocular do crime** – Agatha Christie
799. **Crepúsculo dos ídolos** – Friedrich Nietzsche
802. **O grande golpe** – Dashiell Hammett
803. **Humor barra pesada** – Nani
804. **Vinho** – Jean-François Gautier
805. **Egito Antigo** – Sophie Desplancques
806. (14). **Baudelaire** – Jean-Baptiste Baronian
807. **Caminho da sabedoria, caminho da paz** – Dalai Lama e Felizitas von Schönborn
808. **Senhor e servo e outras histórias** – Tolstói
809. **Os cadernos de Malte Laurids Brigge** – Rilke
810. **Dilbert (5)** – Scott Adams
811. **Big Sur** – Jack Kerouac
812. **Seguindo a correnteza** – Agatha Christie
813. **O álibi** – Sandra Brown
814. **Montanha-russa** – Martha Medeiros
815. **Coisas da vida** – Martha Medeiros
816. **A cantada infalível** *seguido de* **A mulher do centroavante** – David Coimbra
819. **Snoopy: Pausa para a soneca (9)** – Charles Schulz
820. **De pernas pro ar** – Eduardo Galeano

821. **Tragédias gregas** – Pascal Thiercy
822. **Existencialismo** – Jacques Colette
823. **Nietzsche** – Jean Granier
824. **Amar ou depender?** – Walter Riso
825. **Darmapada: A doutrina budista em versos**
826. **J'Accuse...!** – a verdade em marcha – Zola
827. **Os crimes ABC** – Agatha Christie
828. **Um gato entre os pombos** – Agatha Christie
831. **Dicionário de teatro** – Luiz Paulo Vasconcellos
832. **Cartas extraviadas** – Martha Medeiros
833. **A longa viagem de prazer** – J. J. Morosoli
834. **Receitas fáceis** – J. A. Pinheiro Machado
835. **(14).Mais fatos & mitos** – Dr. Fernando Lucchese
836. **(15).Boa viagem!** – Dr. Fernando Lucchese
837. **Aline: Finalmente nua!!!** (4) – Adão Iturrusgarai
838. **Mônica tem uma novidade!** – Mauricio de Sousa
839. **Cebolinha em apuros!** – Mauricio de Sousa
840. **Sócios no crime** – Agatha Christie
841. **Bocas do tempo** – Eduardo Galeano
842. **Orgulho e preconceito** – Jane Austen
843. **Impressionismo** – Dominique Lobstein
844. **Escrita chinesa** – Viviane Alleton
845. **Paris: uma história** – Yvan Combeau
846. **(15).Van Gogh** – David Haziot
848. **Portal do destino** – Agatha Christie
849. **O futuro de uma ilusão** – Freud
850. **O mal-estar na cultura** – Freud
853. **Um crime adormecido** – Agatha Christie
854. **Satori em Paris** – Jack Kerouac
855. **Medo e delírio em Las Vegas** – Hunter Thompson
856. **Um negócio fracassado e outros contos de humor** – Tchékhov
857. **Mônica está de férias!** – Mauricio de Sousa
858. **De quem é esse coelho?** – Mauricio de Sousa
860. **O mistério Sittaford** – Agatha Christie
861. **Manhã transfigurada** – L. A. de Assis Brasil
862. **Alexandre, o Grande** – Pierre Briant
863. **Jesus** – Charles Perrot
864. **Islã** – Paul Balta
865. **Guerra da Secessão** – Farid Ameur
866. **Um rio que vem da Grécia** – Cláudio Moreno
868. **Assassinato na casa do pastor** – Agatha Christie
869. **Manual do líder** – Napoleão Bonaparte
870. **(16).Billie Holiday** – Sylvia Fol
871. **Bidu arrasando!** – Mauricio de Sousa
872. **Os Sousa: Desventuras em família** – Mauricio de Sousa
874. **E no final a morte** – Agatha Christie
875. **Guia prático do Português correto – vol. 4** – Cláudio Moreno
876. **Dilbert (6)** – Scott Adams
877. **(17).Leonardo da Vinci** – Sophie Chauveau
878. **Bella Toscana** – Frances Mayes
879. **A arte da ficção** – David Lodge
880. **Striptiras (4)** – Laerte
881. **Skrotinhos** – Angeli
882. **Depois do funeral** – Agatha Christie
883. **Radicci 7** – Iotti
884. **Walden** – H. D. Thoreau
885. **Lincoln** – Allen C. Guelzo
886. **Primeira Guerra Mundial** – Michael Howard
887. **A linha de sombra** – Joseph Conrad
888. **O amor é um cão dos diabos** – Bukowski
890. **Despertar: uma vida de Buda** – Jack Kerouac
891. **(18).Albert Einstein** – Laurent Seksik
892. **Hell's Angels** – Hunter Thompson
893. **Ausência na primavera** – Agatha Christie
894. **Dilbert (7)** – Scott Adams
895. **Ao sul de lugar nenhum** – Bukowski
896. **Maquiavel** – Quentin Skinner
897. **Sócrates** – C.C.W. Taylor
899. **O Natal do Poirot** – Agatha Christie
900. **As veias abertas da América Latina** – Eduardo Galeano
901. **Snoopy: Sempre alerta! (10)** – Charles Schulz
902. **Chico Bento: Plantando confusão** – Mauricio de Sousa
903. **Penadinho: Quem é morto sempre aparece** – Mauricio de Sousa
904. **A vida sexual da mulher feia** – Claudia Tajes
905. **100 segredos de liquidificador** – José Antonio Pinheiro Machado
906. **Sexo muito prazer 2** – Laura Meyer da Silva
907. **Os nascimentos** – Eduardo Galeano
908. **As caras e as máscaras** – Eduardo Galeano
909. **O século do vento** – Eduardo Galeano
910. **Poirot perde uma cliente** – Agatha Christie
911. **Cérebro** – Michael O'Shea
912. **O escaravelho de ouro e outras histórias** – Edgar Allan Poe
913. **Piadas para sempre (4)** – Visconde da Casa Verde
914. **100 receitas de massas light** – Helena Tonetto
915. **(19).Oscar Wilde** – Daniel Salvatore Schiffer
916. **Uma breve história do mundo** – H. G. Wells
917. **A Casa do Penhasco** – Agatha Christie
919. **John M. Keynes** – Bernard Gazier
920. **(20).Virginia Woolf** – Alexandra Lemasson
921. **Peter e Wendy** *seguido de* **Peter Pan em Kensington Gardens** – J. M. Barrie
922. **Aline: numas de colegial (5)** – Adão Iturrusgarai
923. **Uma dose mortal** – Agatha Christie
924. **Os trabalhos de Hércules** – Agatha Christie
926. **Kant** – Roger Scruton
927. **A inocência do Padre Brown** – G.K. Chesterton
928. **Casa Velha** – Machado de Assis
929. **Marcas de nascença** – Nancy Huston
930. **Aulete de bolso**
931. **Hora Zero** – Agatha Christie
932. **Morte na Mesopotâmia** – Agatha Christie
934. **Nem te conto, João** – Dalton Trevisan
935. **As aventuras de Huckleberry Finn** – Mark Twain
936. **(21).Marilyn Monroe** – Anne Plantagenet
937. **China moderna** – Rana Mitter
938. **Dinossauros** – David Norman
939. **Louca por homem** – Claudia Tajes
940. **Amores de alto risco** – Walter Riso
941. **Jogo de damas** – David Coimbra
942. **Filha é filha** – Agatha Christie
943. **M ou N?** – Agatha Christie
945. **Bidu: diversão em dobro!** – Mauricio de Sousa

946. Fogo – Anaïs Nin
947. Rum: diário de um jornalista bêbado – Hunter Thompson
948. Persuasão – Jane Austen
949. Lágrimas na chuva – Sergio Faraco
950. Mulheres – Bukowski
951. Um pressentimento funesto – Agatha Christie
952. Cartas na mesa – Agatha Christie
954. O lobo do mar – Jack London
955. Os gatos – Patricia Highsmith
956(22). Jesus – Christiane Rancé
957. História da medicina – William Bynum
958. O Morro dos Ventos Uivantes – Emily Brontë
959. A filosofia na era trágica dos gregos – Nietzsche
960. Os treze problemas – Agatha Christie
961. A massagista japonesa – Moacyr Scliar
963. Humor do miserê – Nani
964. Todo o mundo tem dúvida, inclusive você – Édison de Oliveira
965. A dama do Bar Nevada – Sergio Faraco
969. O psicopata americano – Bret Easton Ellis
970. Ensaios de amor – Alain de Botton
971. O grande Gatsby – F. Scott Fitzgerald
972. Por que não sou cristão – Bertrand Russell
973. A Casa Torta – Agatha Christie
974. Encontro com a morte – Agatha Christie
975(23). Rimbaud – Jean-Baptiste Baronian
976. Cartas na rua – Bukowski
977. Memória – Jonathan K. Foster
978. A abadia de Northanger – Jane Austen
979. As pernas de Úrsula – Claudia Tajes
980. Retrato inacabado – Agatha Christie
981. Solanin (1) – Inio Asano
982. Solanin (2) – Inio Asano
983. Aventuras de menino – Mitsuru Adachi
984(16). Fatos & mitos sobre sua alimentação – Dr. Fernando Lucchese
985. Teoria quântica – John Polkinghorne
986. O eterno marido – Fiódor Dostoiévski
987. Um safado em Dublin – J. P. Donleavy
988. Mirinha – Dalton Trevisan
989. Akhenaton e Nefertiti – Carmen Seganfredo e A. S. Franchini
990. On the Road – o manuscrito original – Jack Kerouac
991. Relatividade – Russell Stannard
992. Abaixo de zero – Bret Easton Ellis
993(24). Andy Warhol – Mériam Korichi
995. Os últimos casos de Miss Marple – Agatha Christie
996. Nico Demo: Aí vem encrenca – Mauricio de Sousa
998. Rousseau – Robert Wokler
999. Noite sem fim – Agatha Christie
1000. Diários de Andy Warhol (1) – Editado por Pat Hackett
1001. Diários de Andy Warhol (2) – Editado por Pat Hackett
1002. Cartier-Bresson: o olhar do século – Pierre Assouline
1003. As melhores histórias da mitologia: vol. 1 – A.S. Franchini e Carmen Seganfredo
1004. As melhores histórias da mitologia: vol. 2 – A.S. Franchini e Carmen Seganfredo
1005. Assassinato no beco – Agatha Christie
1006. Convite para um homicídio – Agatha Christie
1008. História da vida – Michael J. Benton
1009. Jung – Anthony Stevens
1010. Arsène Lupin, ladrão de casaca – Maurice Leblanc
1011. Dublinenses – James Joyce
1012. 120 tirinhas da Turma da Mônica – Mauricio de Sousa
1013. Antologia poética – Fernando Pessoa
1014. A aventura de um cliente ilustre *seguido de* O último adeus de Sherlock Holmes – Sir Arthur Conan Doyle
1015. Cenas de Nova York – Jack Kerouac
1016. A corista – Anton Tchékhov
1017. O diabo – Leon Tolstói
1018. Fábulas chinesas – Sérgio Capparelli e Márcia Schmaltz
1019. O gato do Brasil – Sir Arthur Conan Doyle
1020. Missa do Galo – Machado de Assis
1021. O mistério de Marie Rogêt – Edgar Allan Poe
1022. A mulher mais linda da cidade – Bukowski
1023. O retrato – Nicolai Gogol
1024. O conflito – Agatha Christie
1025. Os primeiros casos de Poirot – Agatha Christie
1027(25). Beethoven – Bernard Fauconnier
1028. Platão – Julia Annas
1029. Cleo e Daniel – Roberto Freire
1030. Til – José de Alencar
1031. Viagens na minha terra – Almeida Garrett
1032. Profissões para mulheres e outros artigos feministas – Virginia Woolf
1033. Mrs. Dalloway – Virginia Woolf
1034. O cão da morte – Agatha Christie
1035. Tragédia em três atos – Agatha Christie
1037. O fantasma da Ópera – Gaston Leroux
1038. Evolução – Brian e Deborah Charlesworth
1039. Medida por medida – Shakespeare
1040. Razão e sentimento – Jane Austen
1041. A obra-prima ignorada *seguido de* Um episódio durante o Terror – Balzac
1042. A fugitiva – Anaïs Nin
1043. As grandes histórias da mitologia greco-romana – A. S. Franchini
1044. O corno de si mesmo & outras historietas – Marquês de Sade
1045. Da felicidade *seguido de* Da vida retirada – Sêneca
1046. O horror em Red Hook e outras histórias – H. P. Lovecraft
1047. Noite em claro – Martha Medeiros
1048. Poemas clássicos chineses – Li Bai, Du Fu e Wang Wei
1049. A terceira moça – Agatha Christie
1050. Um destino ignorado – Agatha Christie
1051(26). Buda – Sophie Royer
1052. Guerra Fria – Robert J. McMahon
1053. Simons's Cat: as aventuras de um gato travesso e comilão – vol. 1 – Simon Tofield
1054. Simons's Cat: as aventuras de um gato travesso e comilão – vol. 2 – Simon Tofield
1055. Só as mulheres e as baratas sobreviverão – Claudia Tajes
1057. Pré-história – Chris Gosden
1058. Pintou sujeira! – Mauricio de Sousa
1059. Contos de Mamãe Gansa – Charles Perrault
1060. A interpretação dos sonhos: vol. 1 – Freud

1061. A interpretação dos sonhos: vol. 2 – Freud
1062. Frufru Rataplã Dolores – Dalton Trevisan
1063. As melhores histórias da mitologia egípcia – Carmem Seganfredo e A.S. Franchini
1064. Infância. Adolescência. Juventude – Tolstói
1065. As consolações da filosofia – Alain de Botton
1066. Diários de Jack Kerouac – 1947-1954
1067. Revolução Francesa – vol. 1 – Max Gallo
1068. Revolução Francesa – vol. 2 – Max Gallo
1069. O detetive Parker Pyne – Agatha Christie
1070. Memórias do esquecimento – Flávio Tavares
1071. Drogas – Leslie Iversen
1072. Manual de ecologia (vol.2) – J. Lutzenberger
1073. Como andar no labirinto – Affonso Romano de Sant'Anna
1074. A orquídea e o serial killer – Juremir Machado da Silva
1075. Amor nos tempos de fúria – Lawrence Ferlinghetti
1076. A aventura do pudim de Natal – Agatha Christie
1078. Amores que matam – Patricia Faur
1079. Histórias de pescador – Mauricio de Sousa
1080. Pedaços de um caderno manchado de vinho – Bukowski
1081. A ferro e fogo: tempo de solidão (vol.1) – Josué Guimarães
1082. A ferro e fogo: tempo de guerra (vol.2) – Josué Guimarães
1084(17). Desembarcando o Alzheimer – Dr. Fernando Lucchese e Dra. Ana Hartmann
1085. A maldição do espelho – Agatha Christie
1086. Uma breve história da filosofia – Nigel Warburton
1088. Heróis da História – Will Durant
1089. Concerto campestre – L. A. de Assis Brasil
1090. Morte nas nuvens – Agatha Christie
1092. Aventura em Bagdá – Agatha Christie
1093. O cavalo amarelo – Agatha Christie
1094. O método de interpretação dos sonhos – Freud
1095. Sonetos de amor e desamor – Vários
1096. 120 tirinhas do Dilbert – Scott Adams
1097. 200 fábulas de Esopo
1098. O curioso caso de Benjamin Button – F. Scott Fitzgerald
1099. Piadas para sempre: uma antologia para morrer de rir – Visconde da Casa Verde
1100. Hamlet (Mangá) – Shakespeare
1101. A arte da guerra (Mangá) – Sun Tzu
1104. As melhores histórias da Bíblia (vol.1) – A. S. Franchini e Carmen Seganfredo
1105. As melhores histórias da Bíblia (vol.2) – A. S. Franchini e Carmen Seganfredo
1106. Psicologia das massas e análise do eu – Freud
1107. Guerra Civil Espanhola – Helen Graham
1108. A autoestrada do sul e outras histórias – Julio Cortázar
1109. O mistério dos sete relógios – Agatha Christie
1110. Peanuts: Ninguém gosta de mim... (amor) – Charles Schulz
1111. Cadê o bolo? – Mauricio de Sousa
1112. O filósofo ignorante – Voltaire
1113. Totem e tabu – Freud
1114. Filosofia pré-socrática – Catherine Osborne
1115. Desejo de status – Alain de Botton
1118. Passageiro para Frankfurt – Agatha Christie
1120. Kill All Enemies – Melvin Burgess
1121. A morte da sra. McGinty – Agatha Christie
1122. Revolução Russa – S. A. Smith
1123. Até você, Capitu? – Dalton Trevisan
1124. O grande Gatsby (Mangá) – F. S. Fitzgerald
1125. Assim falou Zaratustra (Mangá) – Nietzsche
1126. Peanuts: É para isso que servem os amigos (amizade) – Charles Schulz
1127(27). Nietzsche – Dorian Astor
1128. Bidu: Hora do banho – Mauricio de Sousa
1129. O melhor do Macanudo Taurino – Santiago
1130. Radicci 30 anos – Iotti
1131. Show de sabores – J.A. Pinheiro Machado
1132. O prazer das palavras – vol. 3 – Cláudio Moreno
1133. Morte na praia – Agatha Christie
1134. O fardo – Agatha Christie
1135. Manifesto do Partido Comunista (Mangá) – Marx & Engels
1136. A metamorfose (Mangá) – Franz Kafka
1137. Por que você não se casou... ainda – Tracy McMillan
1138. Textos autobiográficos – Bukowski
1139. A importância de ser prudente – Oscar Wilde
1140. Sobre a vontade na natureza – Arthur Schopenhauer
1141. Dilbert (8) – Scott Adams
1142. Entre dois amores – Agatha Christie
1143. Cipreste triste – Agatha Christie
1144. Alguém viu uma assombração? – Mauricio de Sousa
1145. Mandela – Elleke Boehmer
1146. Retrato do artista quando jovem – James Joyce
1147. Zadig ou o destino – Voltaire
1148. O contrato social (Mangá) – J.-J. Rousseau
1149. Garfield fenomenal – Jim Davis
1150. A queda da América – Allen Ginsberg
1151. Música na noite & outros ensaios – Aldous Huxley
1152. Poesias inéditas & Poemas dramáticos – Fernando Pessoa
1153. Peanuts: Felicidade é... – Charles M. Schulz
1154. Mate-me por favor – Legs McNeil e Gillian McCain
1155. Assassinato no Expresso Oriente – Agatha Christie
1156. Um punhado de centeio – Agatha Christie
1157. A interpretação dos sonhos (Mangá) – Freud
1158. Peanuts: Você não entende o sentido da vida – Charles M. Schulz
1159. A dinastia Rothschild – Herbert R. Lottman
1160. A Mansão Hollow – Agatha Christie
1161. Nas montanhas da loucura – H.P. Lovecraft
1162(28). Napoleão Bonaparte – Pascale Fautrier
1163. Um corpo na biblioteca – Agatha Christie
1164. Inovação – Mark Dodgson e David Gann
1165. O que toda mulher deve saber sobre os homens: a afetividade masculina – Walter Riso
1166. O amor está no ar – Mauricio de Sousa
1167. Testemunha de acusação & outras histórias – Agatha Christie
1168. Etiqueta de bolso – Celia Ribeiro
1169. Poesia reunida (volume 3) – Affonso Romano de Sant'Anna

1170. **Emma** – Jane Austen
1171. **Que seja em segredo** – Ana Miranda
1172. **Garfield sem apetite** – Jim Davis
1173. **Garfield: Foi mal...** – Jim Davis
1174. **Os irmãos Karamázov (Mangá)** – Dostoiévski
1175. **O Pequeno Príncipe** – Antoine de Saint-Exupéry
1176. **Peanuts: Ninguém mais tem o espírito aventureiro** – Charles M. Schulz
1177. **Assim falou Zaratustra** – Nietzsche
1178. **Morte no Nilo** – Agatha Christie
1179. **Ê, soneca boa** – Mauricio de Sousa
1180. **Garfield a todo o vapor** – Jim Davis
1181. **Em busca do tempo perdido (Mangá)** – Proust
1182. **Cai o pano: o último caso de Poirot** – Agatha Christie
1183. **Livro para colorir e relaxar** – Livro 1
1184. **Para colorir sem parar**
1185. **Os elefantes não esquecem** – Agatha Christie
1186. **Teoria da relatividade** – Albert Einstein
1187. **Compêndio da psicanálise** – Freud
1188. **Visões de Gerard** – Jack Kerouac
1189. **Fim de verão** – Mohiro Kitoh
1190. **Procurando diversão** – Mauricio de Sousa
1191. **E não sobrou nenhum e outras peças** – Agatha Christie
1192. **Ansiedade** – Daniel Freeman & Jason Freeman
1193. **Garfield: pausa para o almoço** – Jim Davis
1194. **Contos do dia e da noite** – Guy de Maupassant
1195. **O melhor de Hagar 7** – Dik Browne
1196.(29). **Lou Andreas-Salomé** – Dorian Astor
1197.(30). **Pasolini** – René de Ceccatty
1198. **O caso do Hotel Bertram** – Agatha Christie
1199. **Crônicas de motel** – Sam Shepard
1200. **Pequena filosofia da paz interior** – Catherine Rambert
1201. **Os sertões** – Euclides da Cunha
1202. **Treze à mesa** – Agatha Christie
1203. **Bíblia** – John Riches
1204. **Anjos** – David Albert Jones
1205. **As tirinhas do Guri de Uruguaiana 1** – Jair Kobe
1206. **Entre aspas (vol.1)** – Fernando Eichenberg
1207. **Escrita** – Andrew Robinson
1208. **O spleen de Paris: pequenos poemas em prosa** – Charles Baudelaire
1209. **Satíricon** – Petrônio
1210. **O avarento** – Molière
1211. **Queimando na água, afogando-se na chama** – Bukowski
1212. **Miscelânea septuagenária: contos e poemas** – Bukowski
1213. **Que filosofar é aprender a morrer e outros ensaios** – Montaigne
1214. **Da amizade e outros ensaios** – Montaigne
1215. **O medo à espreita e outras histórias** – H.P. Lovecraft
1216. **A obra de arte na era de sua reprodutibilidade técnica** – Walter Benjamin
1217. **Sobre a liberdade** – John Stuart Mill
1218. **O segredo de Chimneys** – Agatha Christie
1219. **Morte na rua Hickory** – Agatha Christie
1220. **Ulisses (Mangá)** – James Joyce
1221. **Ateísmo** – Julian Baggini
1222. **Os melhores contos de Katherine Mansfield** – Katherine Mansfield
1223.(31). **Martin Luther King** – Alain Foix
1224. **Millôr Definitivo: uma antologia de A Bíblia do Caos** – Millôr Fernandes
1225. **O Clube das Terças-Feiras e outras histórias** – Agatha Christie
1226. **Por que sou tão sábio** – Nietzsche
1227. **Sobre a mentira** – Platão
1228. **Sobre a leitura** *seguido do* **Depoimento de Céleste Albaret** – Proust
1229. **O homem do terno marrom** – Agatha Christie
1230.(32). **Jimi Hendrix** – Franck Médioni
1231. **Amor e amizade e outras histórias** – Jane Austen
1232. **Lady Susan, Os Watson e Sanditon** – Jane Austen
1233. **Uma breve história da ciência** – William Bynum
1234. **Macunaíma: o herói sem nenhum caráter** – Mário de Andrade
1235. **A máquina do tempo** – H.G. Wells
1236. **O homem invisível** – H.G. Wells
1237. **Os 36 estratagemas: manual secreto da arte da guerra** – Anônimo
1238. **A mina de ouro e outras histórias** – Agatha Christie
1239. **Pic** – Jack Kerouac
1240. **O habitante da escuridão e outros contos** – H.P. Lovecraft
1241. **O chamado de Cthulhu e outros contos** – H.P. Lovecraft
1242. **O melhor de Meu reino por um cavalo!** – Edição de Ivan Pinheiro Machado
1243. **A guerra dos mundos** – H.G. Wells
1244. **O caso da criada perfeita e outras histórias** – Agatha Christie
1245. **Morte por afogamento e outras histórias** – Agatha Christie
1246. **Assassinato no Comitê Central** – Manuel Vázquez Montalbán
1247. **O papai é pop** – Marcos Piangers
1248. **O papai é pop 2** – Marcos Piangers
1249. **A mamãe é rock** – Ana Cardoso
1250. **Paris boêmia** – Dan Franck
1251. **Paris libertária** – Dan Franck
1252. **Paris ocupada** – Dan Franck
1253. **Uma anedota infame** – Dostoiévski
1254. **O último dia de um condenado** – Victor Hugo
1255. **Nem só de caviar vive o homem** – J.M. Simmel
1256. **Amanhã é outro dia** – J.M. Simmel
1257. **Mulherzinhas** – Louisa May Alcott
1258. **Reforma Protestante** – Peter Marshall
1259. **História econômica global** – Robert C. Allen
1260.(33). **Che Guevara** – Alain Foix
1261. **Câncer** – Nicholas James
1262. **Akhenaton** – Agatha Christie
1263. **Aforismos para a sabedoria de vida** – Arthur Schopenhauer
1264. **Uma história do mundo** – David Coimbra
1265. **Ame e não sofra** – Walter Riso
1266. **Desapegue-se!** – Walter Riso

1267. **Os Sousa: Uma famíla do barulho** – Mauricio de Sousa
1268. **Nico Demo: O rei da travessura** – Mauricio de Sousa
1269. **Testemunha de acusação e outras peças** – Agatha Christie
1270. (34).**Dostoiévski** – Virgil Tanase
1271. **O melhor de Hagar 8** – Dik Browne
1272. **O melhor de Hagar 9** – Dik Browne
1273. **O melhor de Hagar 10** – Dik e Chris Browne
1274. **Considerações sobre o governo representativo** – John Stuart Mill
1275. **O homem Moisés e a religião monoteísta** – Freud
1276. **Inibição, sintoma e medo** – Freud
1277. **Além do princípio de prazer** – Freud
1278. **O direito de dizer não!** – Walter Riso
1279. **A arte de ser flexível** – Walter Riso
1280. **Casados e descasados** – August Strindberg
1281. **Da Terra à Lua** – Júlio Verne
1282. **Minhas galerias e meus pintores** – Kahnweiler
1283. **A arte do romance** – Virginia Woolf
1284. **Teatro completo v. 1: As aves da noite** *seguido de* **O visitante** – Hilda Hilst
1285. **Teatro completo v. 2: O verdugo** *seguido de* **A morte do patriarca** – Hilda Hilst
1286. **Teatro completo v. 3: O rato no muro** *seguido de* **Auto da barca de Camiri** – Hilda Hilst
1287. **Teatro completo v. 4: A empresa** *seguido de* **O novo sistema** – Hilda Hilst
1289. **Fora de mim** – Martha Medeiros
1290. **Divã** – Martha Medeiros
1291. **Sobre a genealogia da moral: um escrito polêmico** – Nietzsche
1292. **A consciência de Zeno** – Italo Svevo
1293. **Células-tronco** – Jonathan Slack
1294. **O fim do ciúme e outros contos** – Proust
1295. **A jangada** – Júlio Verne
1296. **A ilha do dr. Moreau** – H.G. Wells
1297. **Ninho de fidalgos** – Ivan Turguêniev
1298. **Jane Eyre** – Charlotte Brontë
1299. **Sobre gatos** – Bukowski
1300. **Sobre o amor** – Bukowski
1301. **Escrever para não enlouquecer** – Bukowski
1302. **222 receitas** – J. A. Pinheiro Machado
1303. **Reinações de Narizinho** – Monteiro Lobato
1304. **O Saci** – Monteiro Lobato
1305. **Memórias da Emília** – Monteiro Lobato
1306. **O Picapau Amarelo** – Monteiro Lobato
1307. **A reforma da Natureza** – Monteiro Lobato
1308. **Fábulas** *seguido de* **Histórias diversas** – Monteiro Lobato
1309. **Aventuras de Hans Staden** – Monteiro Lobato
1310. **Peter Pan** – Monteiro Lobato
1311. **Dom Quixote das crianças** – Monteiro Lobato
1312. **O Minotauro** – Monteiro Lobato
1313. **Um quarto só seu** – Virginia Woolf
1314. **Sonetos** – Shakespeare
1315. (35).**Thoreau** – Marie Berthoumieu e Laura El Makki
1316. **Teoria da arte** – Cynthia Freeland
1317. **A arte da prudência** – Baltasar Gracián
1318. **O louco** *seguido de* **Areia e espuma** – Khalil Gibran
1319. **O profeta** *seguido de* **O jardim do profeta** – Khalil Gibran
1320. **Jesus, o Filho do Homem** – Khalil Gibran
1321. **A luta** – Norman Mailer
1322. **Sobre o sofrimento do mundo e outros ensaios** – Schopenhauer
1323. **Epidemiologia** – Rodolfo Sacacci
1324. **Japão moderno** – Christopher Goto-Jones
1325. **A arte da meditação** – Matthieu Ricard
1326. **O adversário secreto** – Agatha Christie
1327. **Pollyanna** – Eleanor H. Porter
1328. **Espelhos** – Eduardo Galeano
1329. **A Vênus das peles** – Sacher-Masoch
1330. **O 18 de brumário de Luís Bonaparte** – Karl Marx
1331. **Um jogo para os vivos** – Patricia Highsmith
1332. **A tristeza pode esperar** – J.J. Camargo
1333. **Vinte poemas de amor e uma canção desesperada** – Pablo Neruda
1334. **Judaísmo** – Norman Solomon
1335. **Esquizofrenia** – Christopher Frith & Eve Johnstone
1336. **Seis personagens em busca de um autor** – Luigi Pirandello
1337. **A Fazenda dos Animais** – George Orwell
1338. **1984** – George Orwell
1339. **Ubu Rei** – Alfred Jarry
1340. **Sobre bêbados e bebidas** – Bukowski
1341. **Tempestade para os vivos e para os mortos** – Bukowski
1342. **Complicado** – Natsume Ono
1343. **Sobre o livre-arbítrio** – Schopenhauer
1344. **Uma breve história da literatura** – John Sutherland
1345. **Você fica tão sozinho às vezes que até faz sentido** – Bukowski
1346. **Um apartamento em Paris** – Guillaume Musso
1347. **Receitas fáceis e saborosas** – José Antonio Pinheiro Machado
1348. **Por que engordamos** – Gary Taubes
1349. **A fabulosa história do hospital** – Jean-Noël Fabiani
1350. **Voo noturno** *seguido de* **Terra dos homens** – Antoine de Saint-Exupéry
1351. **Doutor Sax** – Jack Kerouac
1352. **O livro do Tao e da virtude** – Lao-Tsé
1353. **Pista negra** – Antonio Manzini
1354. **A chave de vidro** – Dashiell Hammett
1355. **Martin Eden** – Jack London
1356. **Já te disse adeus, e agora, como te esqueço?** – Walter Riso
1357. **A viagem do descobrimento** – Eduardo Bueno
1358. **Náufragos, traficantes e degredados** – Eduardo Bueno
1359. **Retrato do Brasil** – Paulo Prado
1360. **Maravilhosamente imperfeito, escandalosamente feliz** – Walter Riso
1361. **É...** – Millôr Fernandes
1362. **Duas tábuas e uma paixão** – Millôr Fernandes
1363. **Selma e Sinatra** – Martha Medeiros
1364. **Tudo que eu queria te dizer** – Martha Medeiros
1365. **Várias histórias** – Machado de Assis

lepmeditores
www.lpm.com.br
o site que conta tudo

IMPRESSÃO:

PALLOTTI
GRÁFICA

Santa Maria - RS | Fone: (55) 3220.4500
www.graficapallotti.com.br